BIBLIOTECA PARA MENTES CURIOSAS

RÉCORDS DE ANIMALES

texto de
ERELL GUÉGUEN

ilustraciones de
CHARLOTTE AMELING
ROBERT BARBORINI
NINIE
DEBORAH PINTO

IDEAKA
Edelvives

ÍNDICE

LOS CAMPEONES DEL MUNDO — 6

	Los gigantes del pasado	8
	Los más grandes en la tierra	10
	La jirafa	12
	Los más grandes en el océano	14
	Los más pesados	16
	El elefante	18
	Los más grandes en el aire	20
	Huevos de todos los tamaños	22
	Los extremos de su especie	24
	Los más pequeños de la familia	25
	Bichos muy grandes	26
	Superdepredadores	28
	¡Ponte a prueba!	30

LOS CAMPEONES AL DETALLE — 32

	Los ojos	34
	Los más coloridos	36
	Cuernos y cornamentas	38
	Con lupa	40
	El ornitorrinco	42
	¡Ponte a prueba!	44

LAS OLIMPIADAS DE LOS ANIMALES 46

- Los campeones de velocidad 48
- Los mejores buceadores 50
- Los campeones de salto 52
- Los más fuertes 54
- Los más ágiles 56
- Los más peligrosos 58
- Los ases de la defensa 60
- Los campeones del escondite 62
- Los campeones de longevidad 64
- Los superpadres 66
- Los mejores constructores 68
- Récords portentosos 70
- ¡Ponte a prueba! 72

LOS CAMPEONES DE SUPERVIVENCIA 74

- En los abismos marinos 76
- En el desierto 78
- El dromedario 80
- En el Polo Norte 82
- El pingüino emperador 84
- En la copa de los grandes árboles 86
- En la cima del mundo 88
- ¡Ponte a prueba! 90
- Índice alfabético 92

escribir — Todos los nombres de este libro de imágenes van acompañados de su correspondiente artículo determinado. Los verbos y las acciones se destacan con un recuadro para que el niño mejore la comprensión de los diferentes tipos de palabras.

? — Al final de cada apartado general se incluye una doble página titulada «¡Ponte a prueba!», donde se plantean actividades destinadas a comprobar cuánto se ha aprendido.

A-Z — En el índice alfabético que hay al final del libro encontrarás enseguida la palabra que buscas.

En la parte inferior de cada doble página se remite a otras páginas que tratan un tema complementario. De este modo, se puede cambiar el orden de lectura y relacionar mejor los conocimientos.

LOS CAMPEONES DEL MUNDO

LOS GIGANTES DEL PASADO

Los animales terrestres más grandes de todos los tiempos son los dinosaurios. Pero dejaron de existir hace mucho.

el *Diplodocus*, uno de los mayores animales terrestres que han existido

el *Carcharodontosaurio*, uno de los mayores dinosaurios carnívoros el *Quetzalcoatlus*, uno de los mayores animales voladores de todos los tiempos

¿ERAN GIGANTES TODOS LOS DINOSAURIOS?

Quizá pienses que todos los dinosaurios eran muy grandes, porque solo conoces los de tamaño más impresionante.

Sin embargo, algunos eran más o menos como una gallina. Como sucede con los animales actuales, los había de todos los tamaños.

Los más peligrosos no siempre eran los más grandes. El *Diplodocus*, por ejemplo, solo comía plantas...

Los extremos de su especie **24**

LOS MÁS GRANDES EN LA TIERRA

Viven en la sabana, donde su gran tamaño no les causa molestias: ¡no hay peligro de quedarse atrapado entre los árboles!

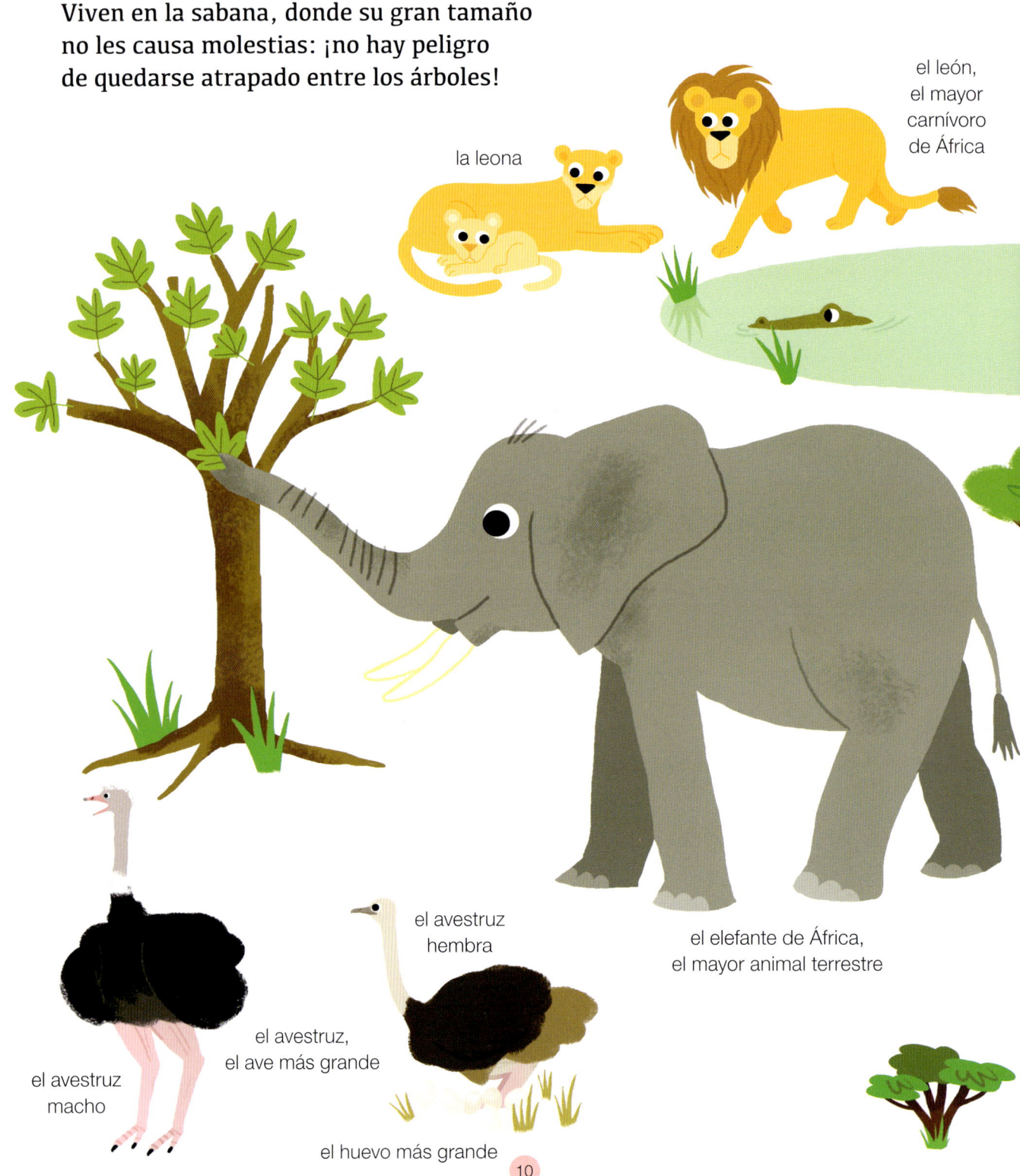

la leona

el león, el mayor carnívoro de África

el avestruz hembra

el avestruz, el ave más grande

el avestruz macho

el huevo más grande

el elefante de África, el mayor animal terrestre

el cocodrilo del Nilo,
uno de los mayores
cocodrilos que existen

la jirafa,
el animal más alto

¿SON PEQUEÑOS TODOS LOS ANIMALES DE LA SELVA?

Cuando un adulto te lleva a hombros, sueles tener que bajar la cabeza para evitar golpearte.

En la selva sucede más o menos lo mismo con los animales grandes: las ramas bajas les molestan, sobre todo cuando tienen que huir.

Están más cómodos en las llanuras, donde hay pocos árboles. ¡Aun así, algunos animales de la selva son enormes y sufren dificultades!

La jirafa **12**
El elefante **18**

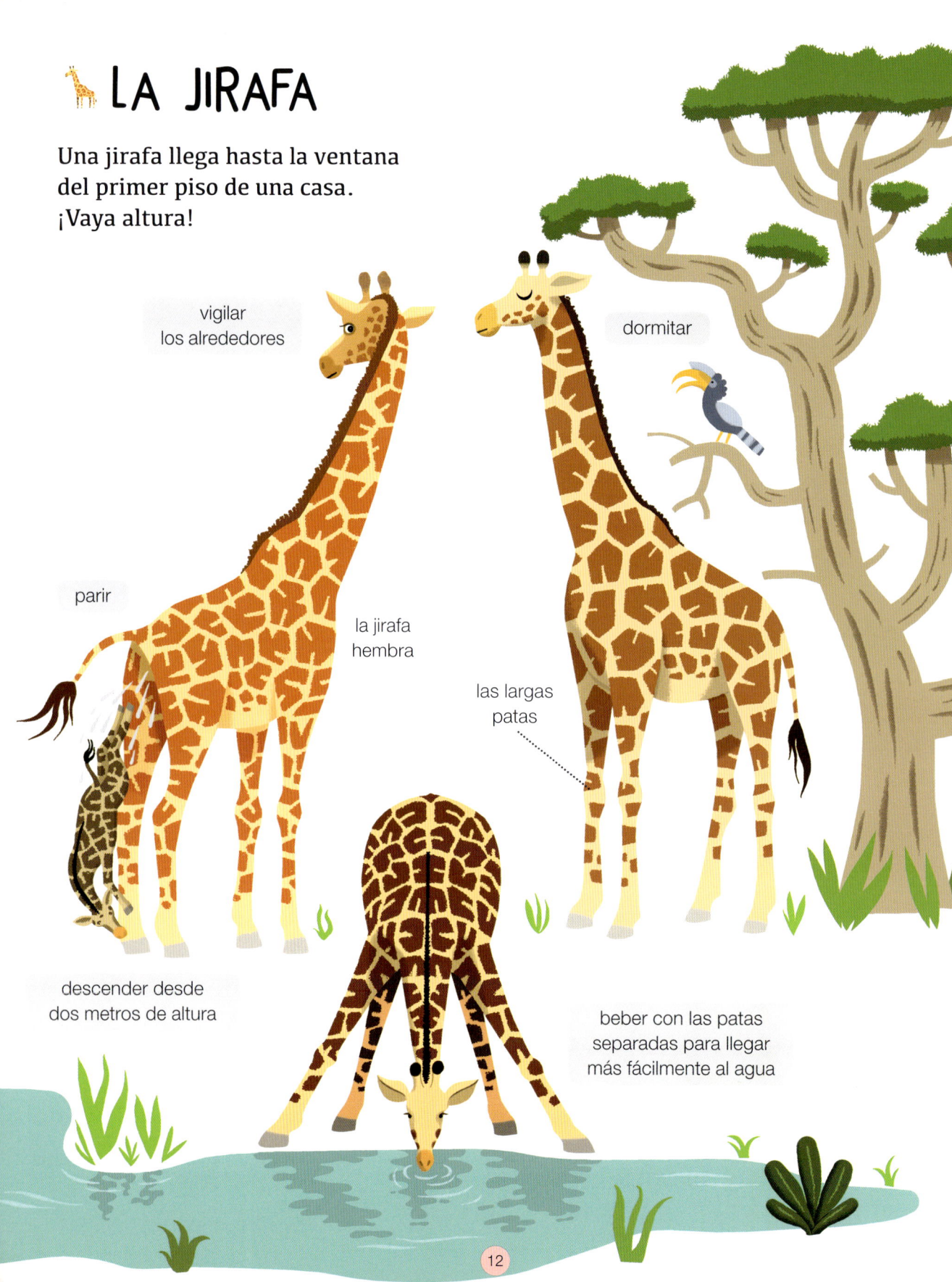

la lengua negra

comer las hojas que ningún otro animal alcanza

los cuernos

el cuello más largo de todos los animales

la jirafa macho

la cría de jirafa recién nacida

mamar la leche de su madre

¿CÓMO DUERME UNA JIRAFA?

Tú duermes tumbado, pero para una jirafa hacerlo así no resulta nada práctico. En caso de peligro, tardaría demasiado en levantarse.

Las jirafas acostumbran a dormir de pie y solamente dos horas al día. Pero descansan con frecuencia mientras vigilan los alrededores.

Solo las crías de jirafa duermen profundamente, bien protegidas por sus padres. ¿Crees que su postura es cómoda?

Los más grandes en la tierra 10

LOS MÁS GRANDES EN EL OCÉANO

¡Al lado de estos gigantes, incluso los animales más grandes en tierra firme parecen diminutos!

la mantarraya gigante

el buceador

el ballenato recién nacido

el calamar gigante

el gran tiburón blanco

la ballena azul,
el animal más grande
del mundo

la tortuga laúd,
la mayor de las tortugas
marinas

el tiburón ballena,
el pez más grande

¿Es la ballena un pez enorme?

La ballena azul no tiene patas, vive en el agua y se desplaza gracias a su gran cola... ¡Todo parece indicar que es un pez!

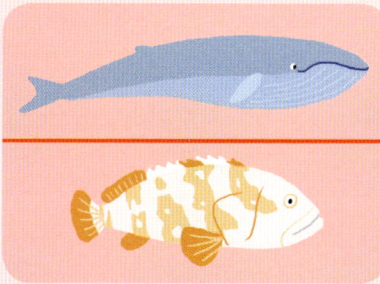

No obstante, por dentro es diferente. No tiene espinas, sino huesos, y amamanta a sus crías... Es un mamífero, no un pez.

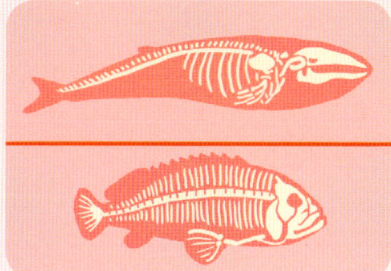

Además, no respira debajo del agua y debe subir regularmente a la superficie a tomar aire. ¡Igual que tú cuando nadas!

Los mejores buceadores **50**
En el Polo Norte **82**

🐋 LOS MÁS PESADOS

Estos animales, además de estar entre los más pesados del planeta, son de los más grandes que existen. ¡Algunos de ellos pesan miles de kilos!

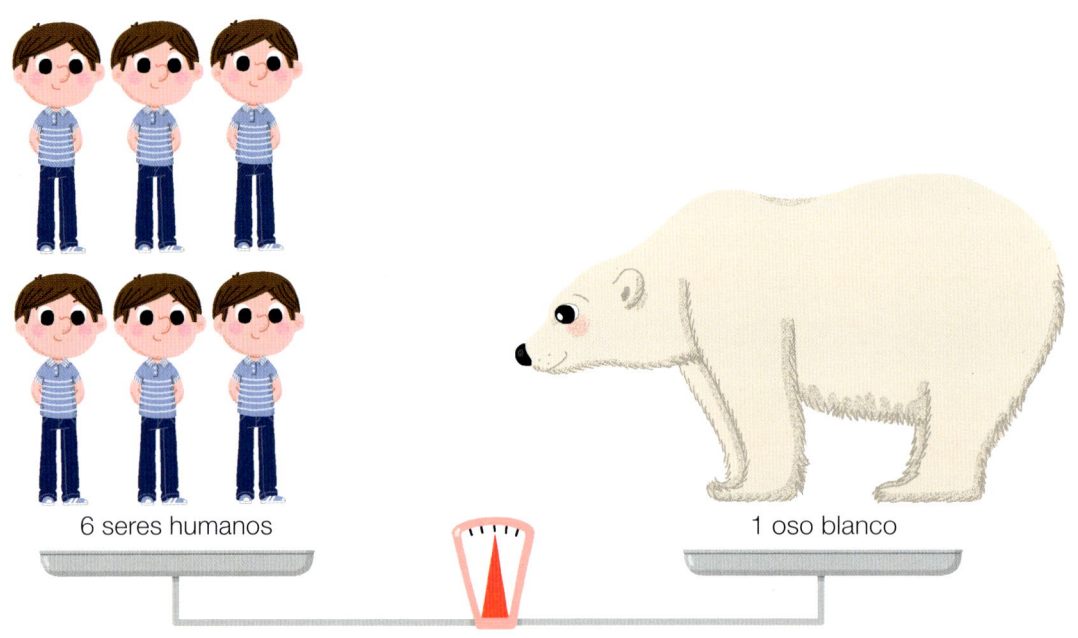

6 seres humanos — 1 oso blanco

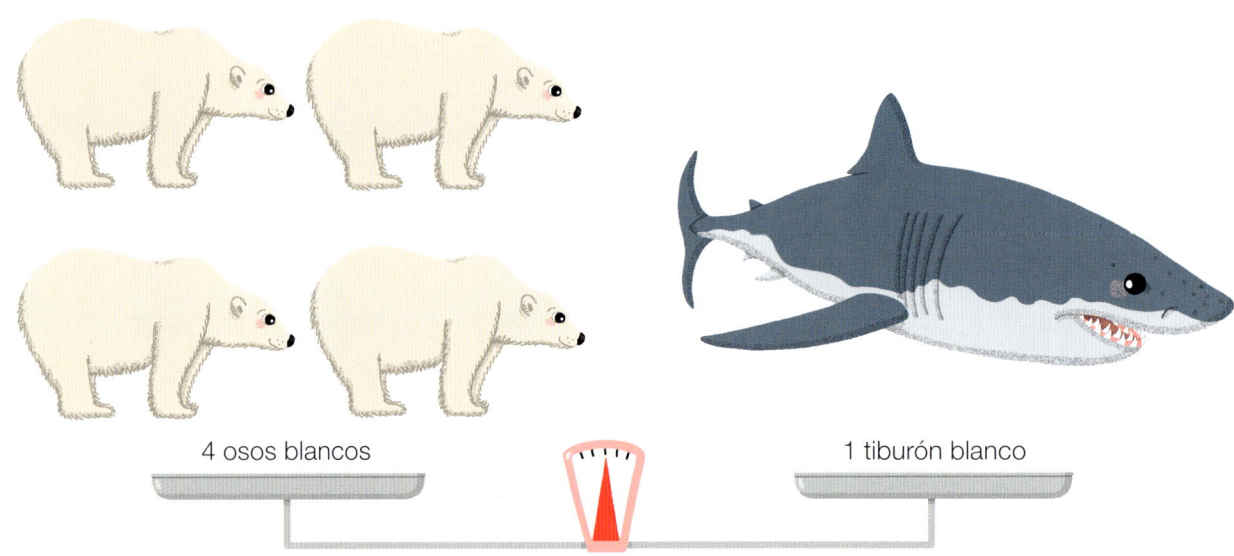

4 osos blancos — 1 tiburón blanco

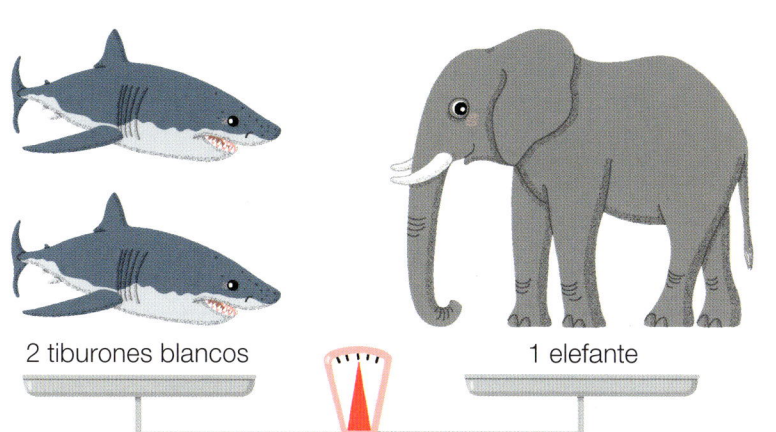

2 tiburones blancos — 1 elefante

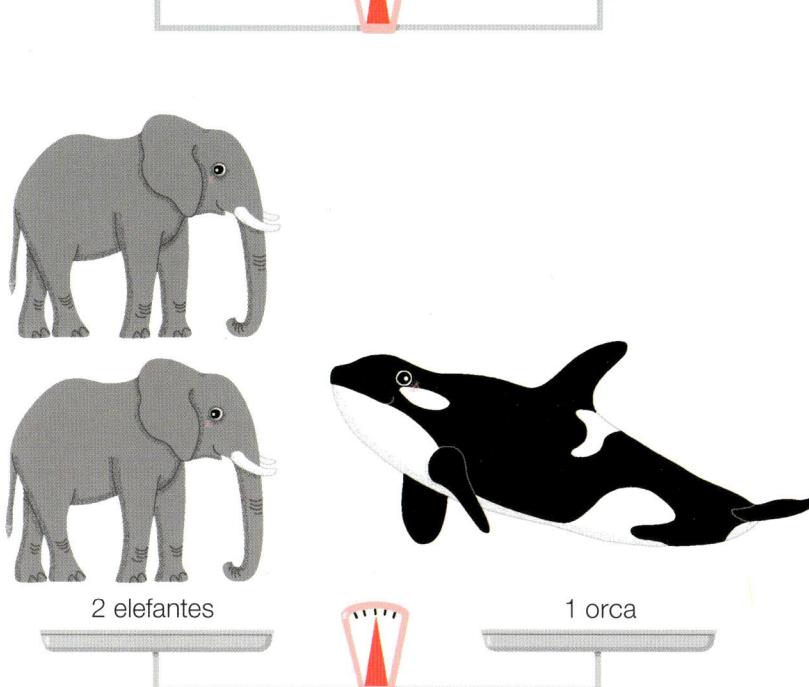

2 elefantes — 1 orca

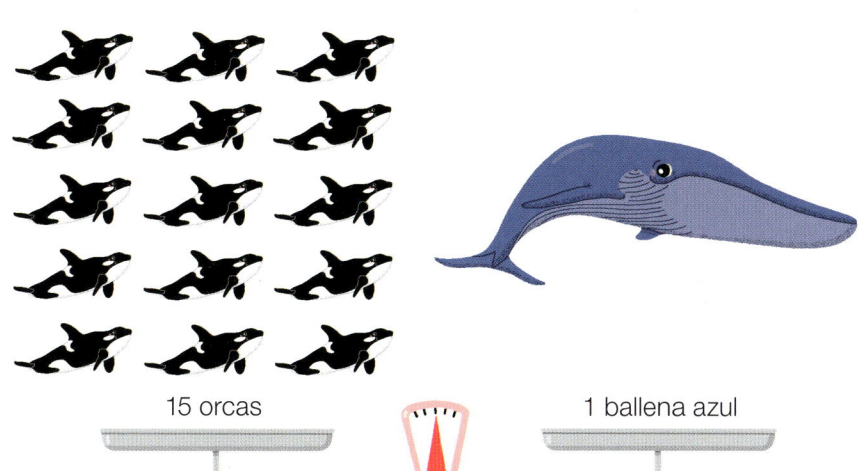

15 orcas — 1 ballena azul

¿POR QUÉ LOS MÁS GRANDES VIVEN EN EL MAR?

En tierra firme todo está sometido a la gravedad, la fuerza que nos empuja hacia el suelo. ¡Es difícil que te levantes sobre una mano!

Pero cuando estás dentro del agua tienes la sensación de ser mucho más ligero. El empuje del agua compensa un poco la gravedad.

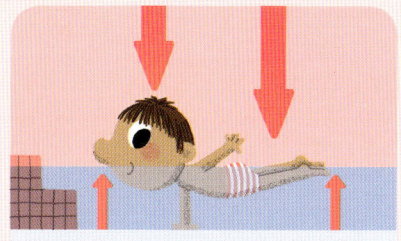

Así pues, solo dentro del agua los animales más grandes no son aplastados por su propio peso y pueden moverse.

Los más grandes en el océano **14**
El elefante **18**

🐘 EL ELEFANTE

¡No es fácil ser tan pesado como un camión pequeño! Por suerte, el elefante está preparado para soportar su propio peso.

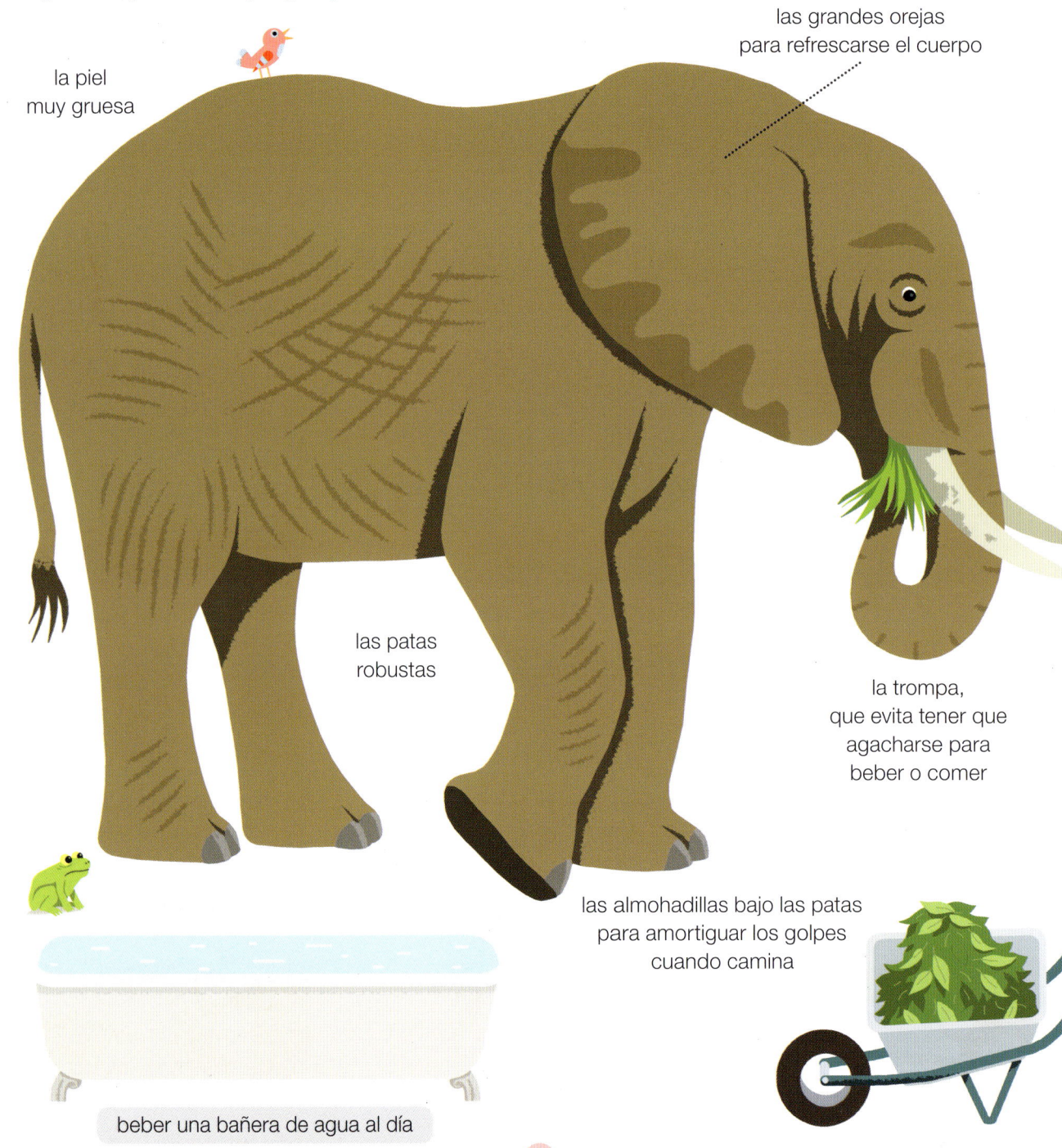

la piel muy gruesa

las grandes orejas para refrescarse el cuerpo

las patas robustas

la trompa, que evita tener que agacharse para beber o comer

las almohadillas bajo las patas para amortiguar los golpes cuando camina

beber una bañera de agua al día

¿PARA QUÉ SIRVE SER TAN GRANDE?

Para alimentar su enorme cuerpo, el elefante debe comer durante casi todo el día. Además, necesita espacio para moverse...

Pero la ventaja de ser tan grande es que los depredadores se lo piensan dos veces antes de atacar. ¡Y en la selva no le molestan los árboles!

Los animales grandes gastan mucha menos energía para mantener su cuerpo a la temperatura adecuada. ¡Por eso viven mucho tiempo!

comer 15 carretillas de vegetales al día

Los campeones de longevidad **64**
En el desierto **78**

LOS MÁS GRANDES EN EL AIRE

Para conocer el tamaño de un ave voladora se mide su envergadura: la distancia entre los extremos de sus alas desplegadas.

el cóndor, la mayor ave de presa

el albatros errante,
el ave de mayor
envergadura

la avutarda kori,
el ave voladora más pesada

¿CUÁL ES EL AVE MÁS GRANDE?

De todas las aves que aún existen, el avestruz es la más grande: ¡dentro de tu casa, casi seguro que su cabeza tocaría el techo!

Su peso le impide volar, pero, gracias a sus largas patas y a sus ancas musculadas, corre a gran velocidad.

Cuando huye, escapa con facilidad de sus enemigos. ¡Y nunca esconde la cabeza en la arena, como cuenta la leyenda!

Huevos de todos los tamaños **22**
Los campeones de velocidad **48**

HUEVOS DE TODOS LOS TAMAÑOS

Por lo general, los huevos son proporcionales al tamaño del ave que los pone. Aquí puedes verlos a tamaño real.

el huevo del colibrí zunzuncito, el huevo de ave más pequeño

el huevo de avestruz, el huevo más grande del mundo

¿SE COMEN LOS HUEVOS DE AVESTRUZ?

En tortilla, a la flamenca... ¿Te gustan los huevos? Si eres curioso y consigues encontrarlos, puedes comerte un huevo de avestruz.

Su cáscara es muy dura, casi tanto como una taza. ¡Es difícil de cascar! Se necesita la ayuda de algún utensilio para abrirlo.

Y, sobre todo, se necesitan muchos amigos: ¡con un solo huevo de avestruz pueden comer diez personas!

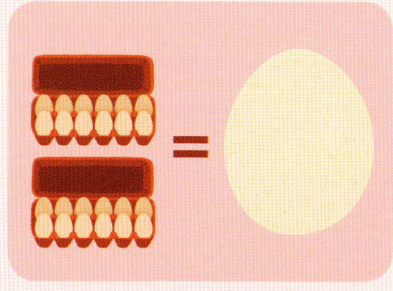

el huevo de codorniz

el huevo de gallina

🐕 LOS EXTREMOS DE SU ESPECIE

Algunos animales son grandes o pequeños en relación con otros animales de su misma especie.

el shire,
el caballo más grande

el falabella,
el caballo más pequeño

el chihuahua,
el perro más pequeño

el dogo alemán,
el perro más grande

LOS MÁS PEQUEÑOS DE LA FAMILIA

En cada grupo de animales, al lado de los gigantes, otros son minúsculos. Aquí puedes verlos a tamaño real.

el murciélago moscardón, el mamífero más pequeño

el colibrí zunzuncito, el ave más pequeña

el *Paedocypris progenetica*, el pez más pequeño

la rana *Paedophryne amauensis*, el vertebrado más pequeño

el geco enano, el reptil más pequeño

el *Brookesia micra*, el camaleón más pequeño

¿EXISTEN ANIMALES QUE NO SE VEN?

¿Has oído hablar de los ácaros? Algunos de estos animales no son visibles para el ojo humano y pueden provocar alergias.

Forman parte de los animales que solo se ven a través de un microscopio. Viven en todas partes, con frecuencia sin molestarnos.

Pero algunos hacen que las personas enfermen: los microbios. La ciencia y la medicina están muy interesadas en ellos.

Huevos de todos los tamaños 22

BICHOS MUY GRANDES

Saltamontes, mariposas, ciempiés...
Incluso entre estos animales tan pequeños
existen especies gigantes.

el milpiés gigante de África

la mariposa alas de pájaro, la mayo mariposa diurna

el escarabajo titán

el escarabajo hércules

el insecto palo gigante

la tarántula Goliat, la araña más grande

¿POR QUÉ NO SON MÁS GRANDES?

Los bichos no cuentan con un esqueleto que mantenga sus órganos en su sitio, solo tienen una envoltura externa.

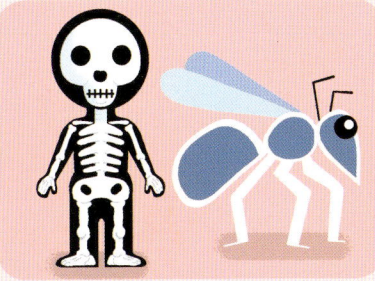

Si fueran más grandes, esa envoltura no podría soportar el peso de sus órganos y se rompería.

Además, su sistema respiratorio no bastaría para oxigenar a un animal más grande. Por eso es mejor que sean pequeños, ¿no crees?

Los campeones de salto 52

SUPERDEPREDADORES

Los depredadores, los animales que cazan para comer, reúnen todo lo necesario para matar a sus presas.

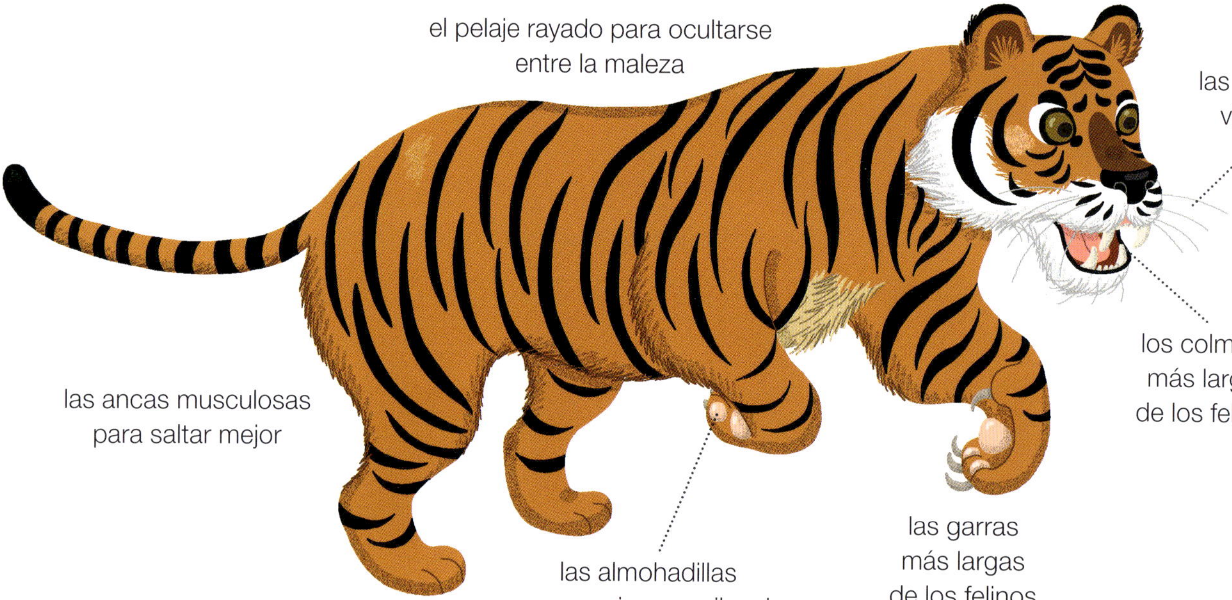

el oído fino

el pelaje rayado para ocultarse entre la maleza

las gruesas vibrisas

los colmillos más largos de los felinos

las ancas musculosas para saltar mejor

las almohadillas para caminar en silencio

las garras más largas de los felinos

el tigre

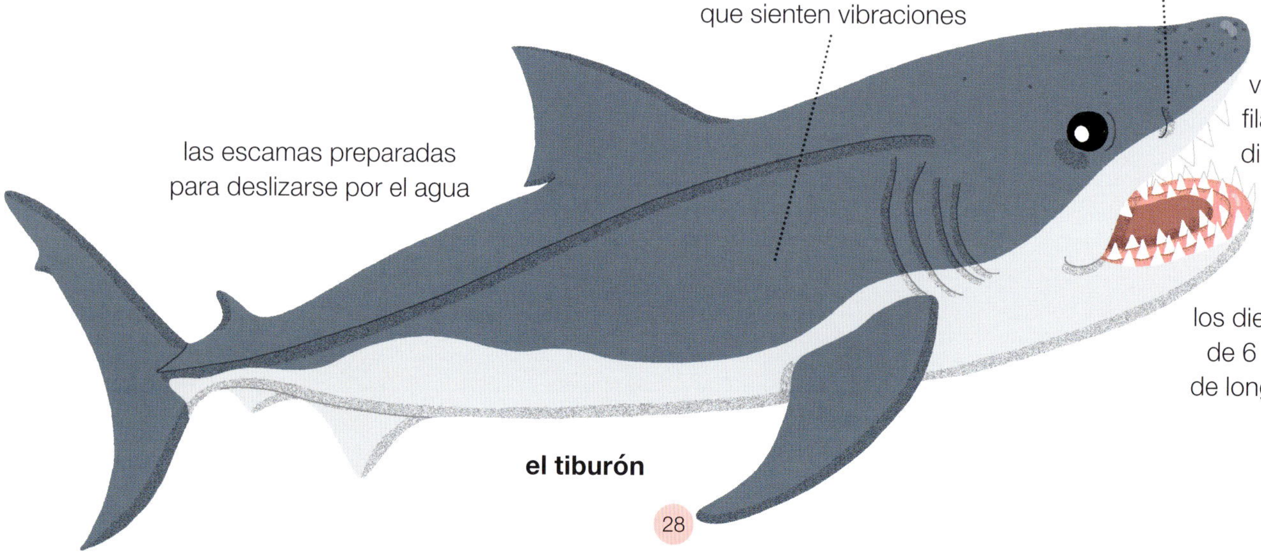

el olfato muy aguzado

los receptores que sienten vibraciones

varias filas de dientes

las escamas preparadas para deslizarse por el agua

los dientes de 6 cm de longitud

el tiburón

la arpía mayor

la vista aguda

pico ganchudo
ara despedazar
a sus presas

las garras
más largas de
las aves de presa

los espolones
más poderosos

¿SON MALVADOS?

Tal vez hayas oído decir que estos animales son despiadados porque matan a otros animales, e incluso a veces a seres humanos.

Pero, cuando matan, lo hacen para sobrevivir. Su cuerpo no sabe extraer energía de las plantas, así que han de comer carne.

Y si atacan al ser humano, lo hacen siempre para defenderse. Aunque prefieren evitarlo: ¡es demasiado peligroso para ellos!

Los más fuertes **54**
Los más peligrosos **58**

¡PONTE A PRUEBA!

Entre estos animales se esconde un carnívoro. Señala con el dedo cuál de ellos se alimenta de otros animales.

el *Diplodocus*   el tiburón blanco   la jirafa

Observa estas parejas. Señala en cada una de ellas el animal más pesado.

Mira con atención estas jirafas e indica cuáles son idénticas a las del modelo.

modelo

Sigue el hilo y descubre a qué ave pertenece cada huevo.

¿Cuál de estos pájaros es en realidad el más pequeño?

¿Cuáles de estos animales son considerados depredadores? Señala qué partes de sus cuerpos los convierten en temibles adversarios.

la mantarraya gigante — el tigre — el albatros errante — la arpía mayor

La ballena es un animal extraño. Se parece a un pez, pero no lo es. ¿Sabes por qué? ¿Qué características compartes tú con este gran cetáceo?

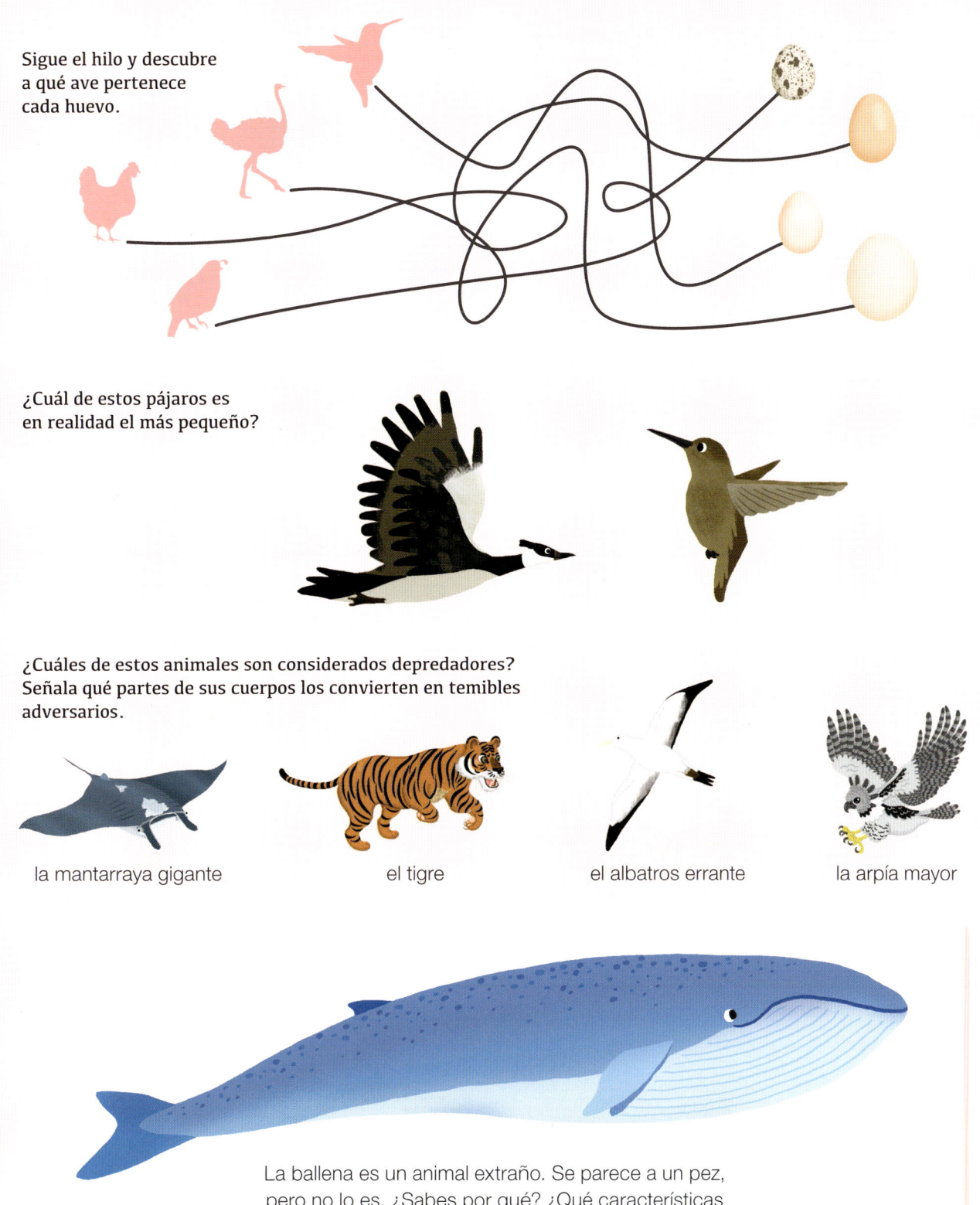

LOS CAMPEONES AL DETALLE

LOS OJOS

Los ojos son los órganos que permiten que los animales vean. Pueden tener diferentes formas.

los ojos del caracol, en la punta de sus antenas

los ojos de la mosca, compuestos por facetas

los ocho ojos de la araña saltadora, que le permiten ver cualquier cosa a su alrededor

los ojos del tarsero, demasiado grandes para girar en sus órbitas

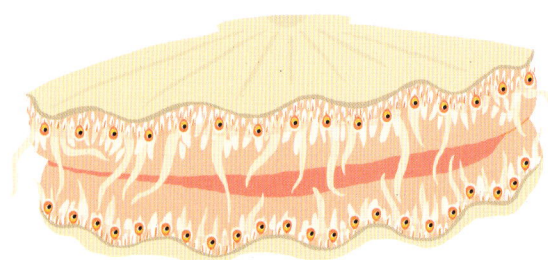

los más de 100 ojos de la vieira dispuestos en círculo

los ojos independientes del camaleón

los ojos
del calamar colosal,
los más grandes
del mundo

¿VEN LOS ANIMALES LO MISMO QUE TÚ?

No todos los animales ven las cosas de la misma forma. Depende del lugar en el que estén los ojos, pero no solo de eso.

Hay animales que no ven los mismos colores que tú. Algunos ven colores que tú no puedes ver.

Otros solo ven lo que se mueve. Y los hay que son prácticamente ciegos y utilizan el resto de sus sentidos para orientarse.

Los más grandes en el océano **14**
En la copa de los grandes árboles **86**

🦜 LOS MÁS COLORIDOS

En la selva amazónica, los animales presentan una explosión de colores. ¡Cuidado con los ojos!

el guacamayo jacinto

el guacamayo macao

el periquito dorado

el loro de cabeza amarilla

el cabezón versicolor

la chinche tropical

los dendrobates

la tangará arcoíris

el gallito de las rocas

el tucán

el colibrí

la mariposa morfo azul

la rana de ojos rojos

¿PARA QUÉ LES SIRVEN SUS COLORES VIVOS?

Los machos de colores vivos seducen más a las hembras. Estas protegen a las crías: son más discretas.

Pero a los animales más coloridos también se les distingue mejor. ¡Y eso no resulta práctico cuando uno quiere esconderse de sus enemigos!

Con frecuencia, sus colores vivos indican que no son muy sabrosos, o incluso que son tóxicos. Por eso nadie los ataca.

Los más peligrosos **58**

CUERNOS Y CORNAMENTAS

Grandes, pequeños, curvos o en espiral…
¡En la cabeza se permiten todas las formas!

la vaca watusi,
los cuernos más grandes

la vaca kuri,
los cuernos más anchos

el gran kudu,
los cuernos en espiral

el oryx, los largos cuernos rectos

el cuerno frontal

el cuerno nasal

el rinoceronte

el íbice,
los cuernos gruesos
y curvados

el muflón,
los grandes cuernos
enrollados sobre sí mismos

el rebeco, los pequeños
cuernos en forma de gancho

el alce,
la cornamenta
más grande

¿PARA QUÉ LES SIRVEN LOS CUERNOS?

¿Crees que los cuernos permiten distinguir a los machos de las hembras? Pues no es así, ya que ambos tienen.

Eso sí, por lo general, los cuernos de los machos son más grandes. Y cuanto más grandes son, más atraen a las hembras.

Pero sobre todo son armas temibles para luchar contra los depredadores o los rivales. ¡Cuidado con el choque!

Los ases de la defensa 60

CON LUPA

Tal vez no sean los más grandes ni los más rápidos, pero alguna parte de sus cuerpos es excepcional.

la rana de cristal,
la piel más transparente

el faisán venerado,
las plumas más largas

el pelícano,
el pico más largo
y más extensible

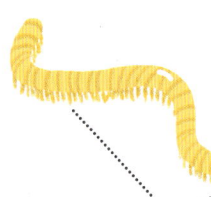

el milpiés *Illacme plenipes*,
las patas más numerosas

el narval,
la defensa más larga

el ayeaye,
el dedo más desmesurado

el murciélago *Anoura fistulata*,
la lengua más larga en relación con su cuerpo

el topo de nariz estrellada,
la nariz con más tentáculos

¿CREES QUE ALGUNOS ANIMALES SON HORRIBLES?

Seguro que tienes una opinión sobre este asunto: hay animales que te parecen preciosos y otros no tanto.

En general, los que nos resultan feos son aquellos que menos se nos parecen. Su rareza hace que nos sintamos incómodos.

También existen animales que se nos parecen demasiado, como el násico, con su enorme nariz. ¡En cualquier caso, cada uno es como es!

Récords portentosos 70

EL ORNITORRINCO

¡Cuando los científicos descubrieron a este animal, creyeron que se trataba de una inocentada!

la piel sedosa

el ornitorrinco macho

el pico suave

las largas garras

las patas palmeadas

la cola ancha y plana

el espolón venenoso

poner huevos como un ave o un reptil

los huevos

el ornitorrinco hembra

la cría

amamantar a sus crías
con la leche que libera
a través de los pelos

¿POR QUÉ ES TAN EXCEPCIONAL?

El ornitorrinco amamanta a sus crías, por tanto, es un mamífero. Pero, aparte de eso, no hace nada como ellos.

Es prácticamente el único mamífero que pone huevos y fabrica veneno. Esas características lo acercan a los reptiles.

Y tiene un extraño aspecto: con sus patas palmeadas y su pico, recuerda a un ave. ¿Adivinas a cuál?

Los más grandes en el océano **14**
Los superpadres **66**

¡PONTE A PRUEBA!

¿Sabes cuál de estos animales es conocido por tener mala vista?

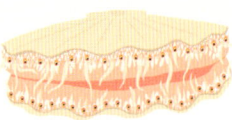

la araña saltadora   el caracol   el topo   la vieira

Encuentra las cinco diferencias entre estas dos imágenes.

Señala con el dedo la particularidad de estos animales.

Devuélvele a cada animal sus cuernos.

¿Conoces el nombre de este animal de piel sedosa,
pico suave y patas palmeadas?
¿Sabes en qué se parece al ser humano?
¿Qué tiene en común con estos otros animales?

el castor   el mono   el murciélago   el pato

LAS OLIMPIADAS
DE LOS ANIMALES

LOS CAMPEONES DE VELOCIDAD

Ser rápido es una ventaja para cazar, pero también para escaparse de los enemigos.

la babosa, **2** m/h

el caminante, **3** km/h

la mamba negra, **25** km/h

el corredor más rápido del mundo, **45** km/h

el avestruz, **70** km/h

¿SE PUEDE CORRER RÁPIDO DURANTE MUCHO TIEMPO?

Cuando echas una carrera con tus amigos, puedes correr muy rápido, pero después estás cansado.
Al guepardo le sucede lo mismo.

El cuerpo funciona de manera bastante parecida a un coche: para avanzar, necesita energía, y cada uno dispone de una cantidad limitada.

Es decir, si corremos durante demasiado tiempo, nos quedamos sin gasolina. ¡Una oportunidad para las presas!

la libélula, **90** km/h

el guepardo, **115** km/h

el halcón peregrino, **350** km/h

Los más grandes en el aire 20

🐧 LOS MEJORES BUCEADORES

Ninguno de estos animales respira bajo el agua, pero pueden sumergirse hasta grandes profundidades para cazar.

el nadador

el cormorán moñudo

el buceador

el rorcual común

la foca de Weddell

el cachalote

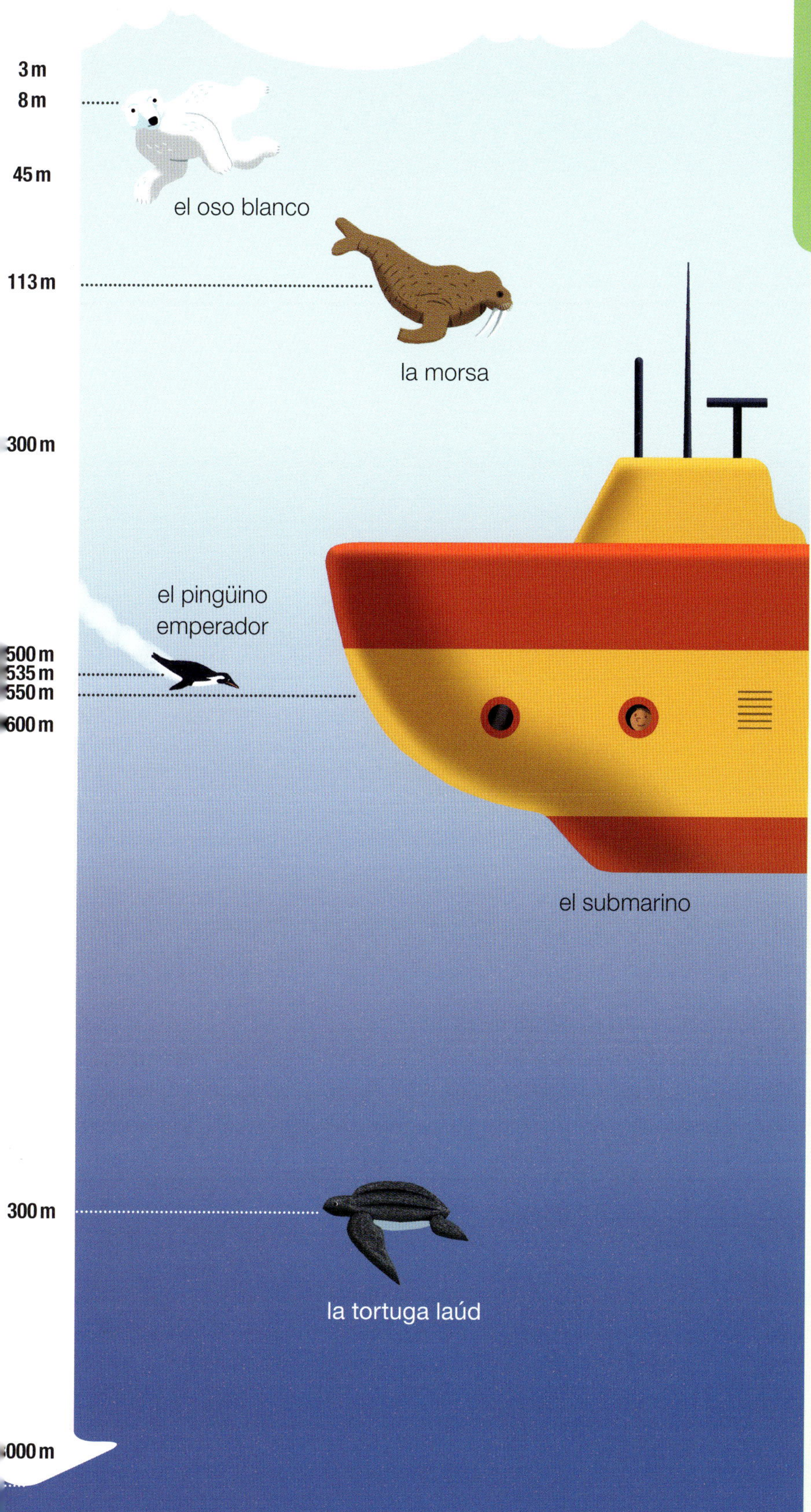

3 m
8 m
45 m
el oso blanco

113 m
la morsa

300 m

el pingüino
emperador

500 m
535 m
550 m
600 m

el submarino

300 m
la tortuga laúd

000 m

51

¿POR QUÉ ES DIFÍCIL LLEGAR HASTA LAS PROFUNDIDADES?

Ya sabes lo complicado que es permanecer varias decenas de minutos bajo el agua sin salir a respirar a la superficie.

En las profundidades, el buceador también debe soportar el peso del agua sobre él: es la presión.

Y cuanto mayor es la profundidad, más frío hace. Por esa razón, el ser humano ha inventado equipos para bucear. ¿Los conoces?

En los abismos marinos 76

LOS CAMPEONES DE SALTO

El salto puede ser una forma de desplazamiento, pero también un juego, ¡incluso para los animales!

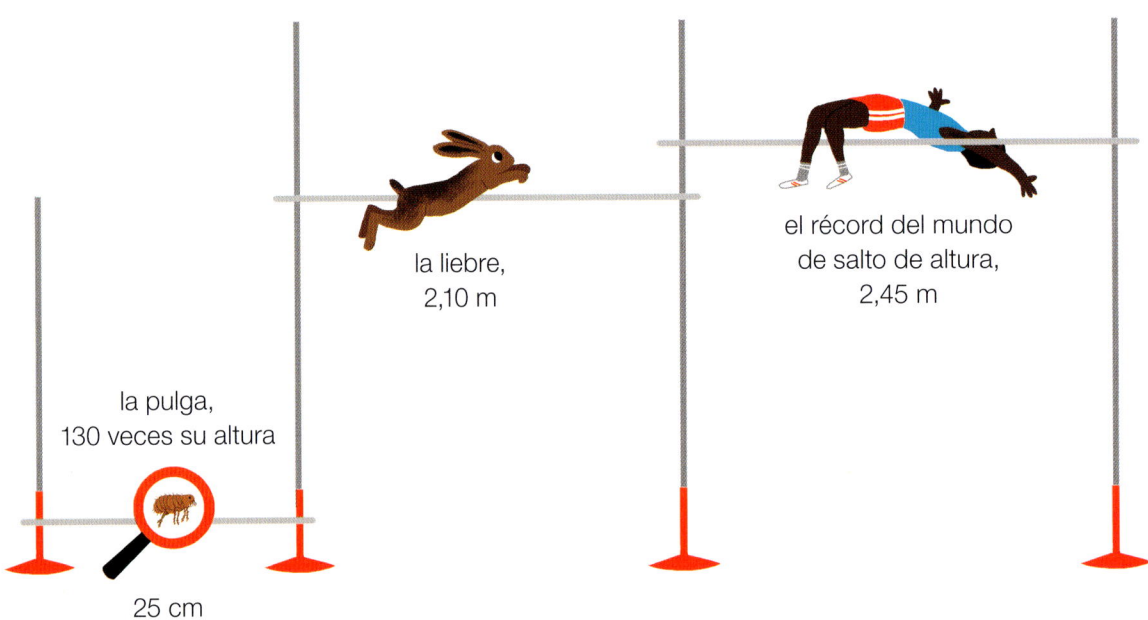

la pulga, 130 veces su altura
25 cm

la liebre, 2,10 m

el récord del mundo de salto de altura, 2,45 m

la rana, 4 o 5 m

el saltamontes, campeón de salto de longitud en relación con su tamaño, 6 m

el récord del mundo de salto de longitud, 8,95 m

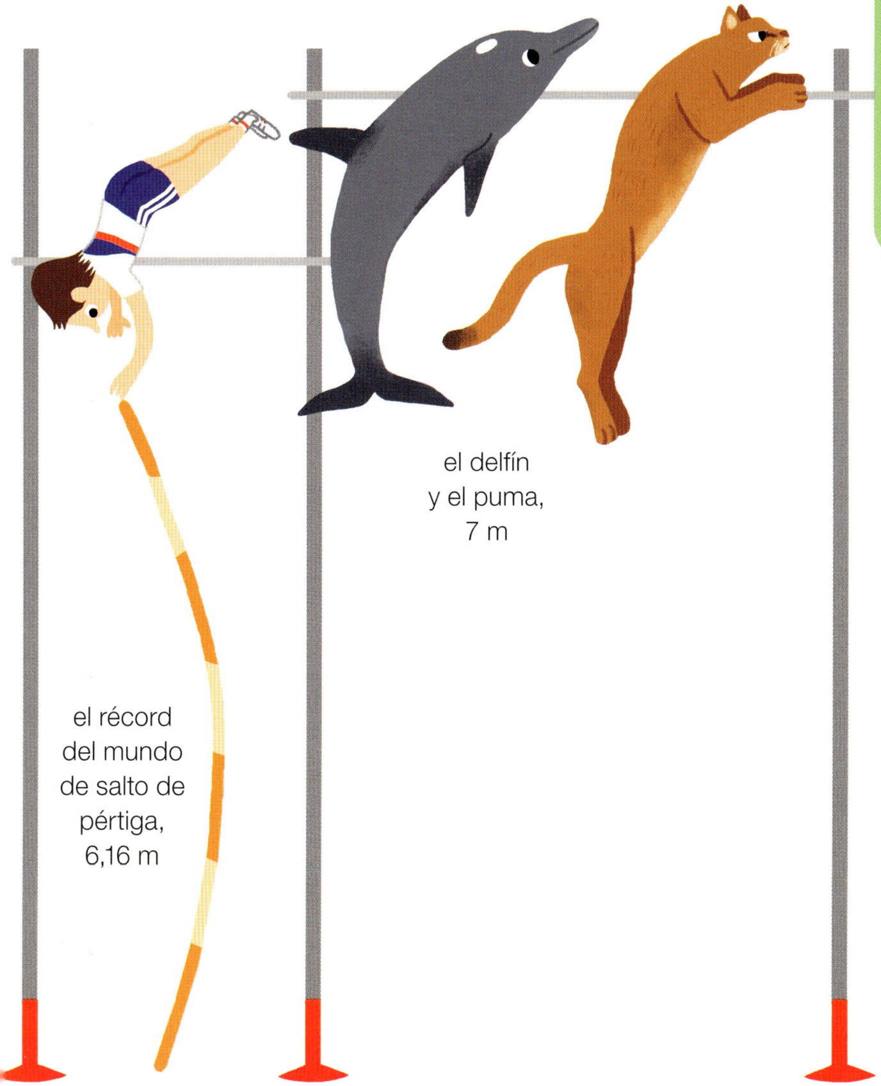

¿POR QUÉ ESTOS BICHOS SON TAN HÁBILES?

el delfín y el puma, 7 m

el récord del mundo de salto de pértiga, 6,16 m

el canguro, 13 m

la gacela saltarina, 15 m

Una pulga puede saltar 130 veces su altura. Si tú fueras capaz de hacer algo parecido, ¡saltarías un edificio de 45 pisos!

Pero, si una pulga fuera tan grande como tú, sería demasiado pesada para poder saltar tan alto.

Esto se debe a la gravedad, el fenómeno por el cual la Tierra retiene los objetos en el suelo. Atrae con más fuerza a los que pesan más.

Bichos muy grandes **26**
Los más ágiles **56**

LOS MÁS FUERTES

Cuanto más grande es el animal, más capaz es de transportar pesadas cargas. Pero no siempre los más fuertes son los que imaginamos.

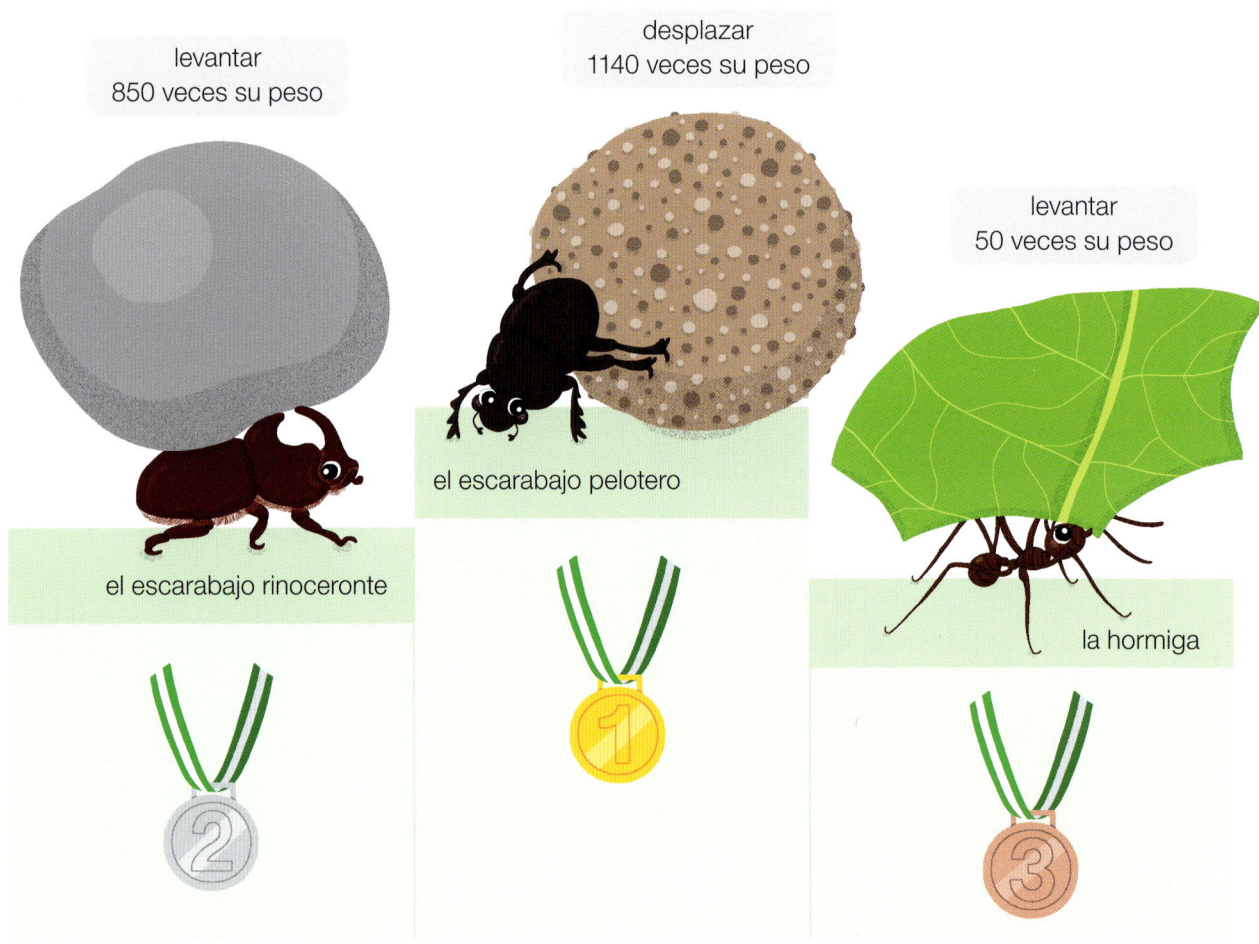

levantar 850 veces su peso
el escarabajo rinoceronte

desplazar 1140 veces su peso
el escarabajo pelotero

levantar 50 veces su peso
la hormiga

el elefante

levantar 300 kg con su trompa

el gorila

levantar 1000 kg

¿QUIÉN MUERDE MÁS FUERTE?

Tú tienes mucha fuerza en la mandíbula. Por eso puedes masticar un cacahuete, pero no eres capaz de estrujarlo entre tus dedos.

Sin embargo, algunos animales tienen una mandíbula mucho más potente. ¡Mastican un hueso con la misma facilidad que tú una galleta!

Las mordeduras más temibles son las del gran tiburón blanco y las de la hiena, muy por delante de las del león, el lobo o el perro.

Los campeones de salto 52

LOS MÁS ÁGILES

Para desplazarse, algunos animales son capaces de realizar acrobacias increíbles.

el mono araña

servirse de su cola como un tercer brazo

el puma

saltar desde 18 m de altura

el gato

girarse en plena caída

el geco

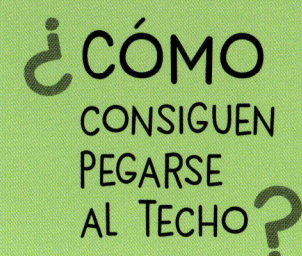
la mosca

caminar por el techo

aferrarse a las superficies más lisas

¿CÓMO CONSIGUEN PEGARSE AL TECHO?

La mosca o el geco pueden desplazarse por el techo sin ningún problema, gracias a la forma de sus extremidades.

Poseen potentes ventosas que pueden pegar o despegar a su antojo.

¡Pero, cuidado, existen límites! Si despegan demasiados dedos a la vez, les pasa lo mismo que a ti: se caen.

el basilisco

correr sobre el agua

las cabras de las Rocosas

desplazarse por los riscos

En la copa de los grandes árboles **86**

LOS MÁS PELIGROSOS

Los animales solo atacan a los humanos para defenderse. A pesar de ello, algunos son peligrosos y causan la muerte.

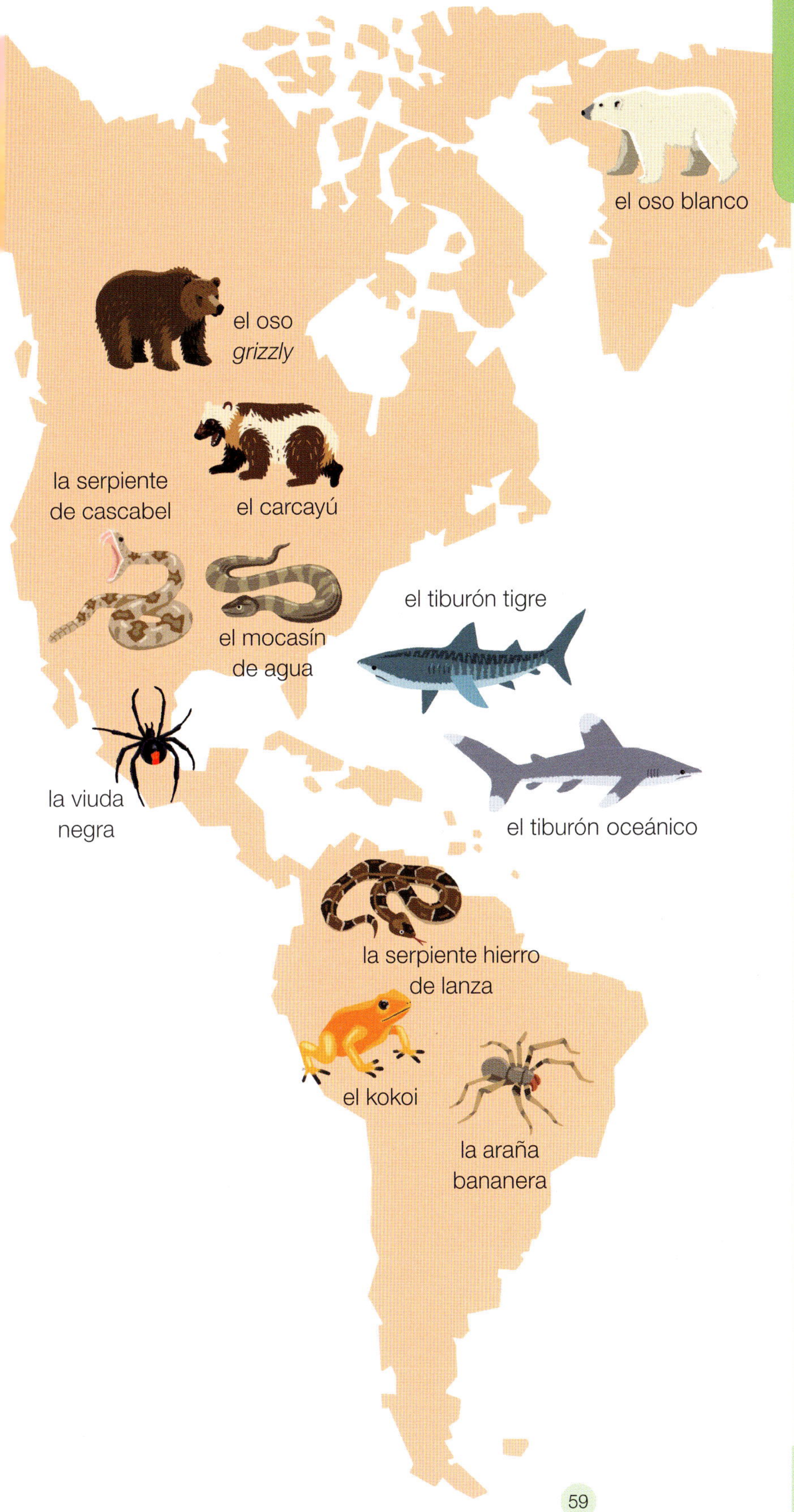

¿QUÉ ANIMAL ES CAPAZ DE MATAR A MÁS PERSONAS?

el oso blanco

el oso *grizzly*

la serpiente de cascabel

el carcayú

el mocasín de agua

el tiburón tigre

la viuda negra

el tiburón oceánico

la serpiente hierro de lanza

el kokoi

la araña bananera

No pienses en un animal enorme ni muy feroz. El más peligroso es ¡el mosquito! Por lo menos ciertas especies.

Sus picaduras pueden transmitir enfermedades graves que causan muchas muertes, sobre todo en los países cálidos.

Por suerte, hay maneras de protegerse de ellos, y la mayoría no te provocarán ningún daño, ¡solo un grano que pica!

Superdepredadores 28

LOS ASES DE LA DEFENSA

No son venenosos, tampoco necesariamente peligrosos, pero disponen de tácticas muy eficaces para no ser atacados.

la morena

lanzar descargas eléctricas

el gorila

asustar

el caracol

hacer burbujas de baba

la mofeta

oler muy muy mal

la culebra

hacerse la muerta

la tortuga

ocultarse dentro de su caparazón

el pulpo

escupir tinta

la lagartija

dejarle la cola a su agresor

el puercoespín

volver sus púas hacia su agresor

el armadillo

cerrarse en una bola impenetrable

¿CÓMO CONSIGUE EL ERIZO HACERSE UNA BOLA?

Si tocas un erizo, este mete la cabeza y las patas debajo del cuerpo para protegerlas, y después se hace una bola.

Un músculo rodea su cuerpo y permite que encoja la piel a su alrededor, como el cordón de una bolsa.

Además, contrae los músculos de sus púas para erizarlas. Igual que tú cuando se te pone la carne de gallina, pero tú ¡no lo haces a propósito!

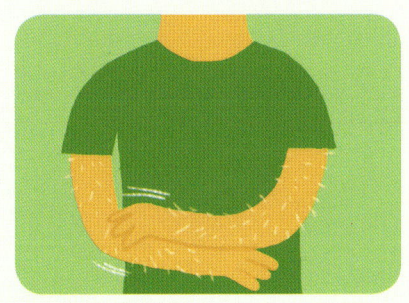

Los campeones del escondite 62

LOS CAMPEONES DEL ESCONDITE

Desaparecer en el paisaje o hacerse pasar por algo distinto de lo que uno es: ¡una buena técnica para que no te coman!

el insecto palo

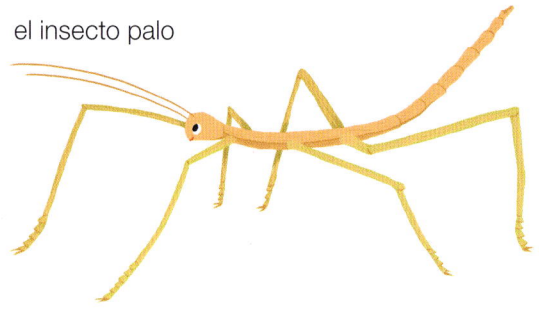

hacerse pasar por una ramita

el insecto hoja

hacerse pasar por una hoja

el geco *Uroplatus*

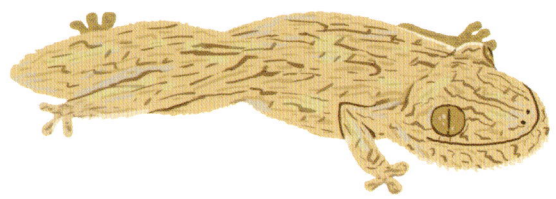

hacerse pasar por un trozo de corteza de árbol

la mariposa búho

hacerse pasar por un búho para asustar a los depredadores

la oruga de la mariposa *Hemeroplanes*

hacerse pasar por una serpiente

la oruga de la mariposa *Amynthor*

hacerse pasar por excremento de pájaro

el pez piedra

hacerse pasar por una piedra cubierta de algas

el sírfido

hacerse pasar por una peligrosa avispa

el chorlitejo

hacer pasar sus huevos por piedras

el escinco rugoso

la cabeza · la cola en forma de cabeza

hacer pasar su cabeza por su cola

el pez erizo

fingir que es más grande de lo que es

¿EXISTEN ANIMALES QUE CAMBIAN DE COLOR?

Seguro que has oído decir que los camaleones cambian de color para ocultarse. En realidad, más bien lo hacen según su humor.

Sin embargo, no son los campeones del cambio de color: los pulpos les aventajan.

Los pulpos cambian de color muy rápido, ¡pero también pueden imitar todos los pequeños detalles de su entorno!

LOS CAMPEONES DE LONGEVIDAD

Es difícil conocer la duración de la vida de los animales. ¡Sobre todo si viven más años que los humanos que los estudian!

15 la reina de las termitas

60 el cuervo

70 la carpa koi

100 el ser humano

176 la tortuga gigante de las islas Galápagos

🎂 **70** el elefante

🎂 **177** la ballena boreal

🎂 **507** la almeja *Arctica islandica*

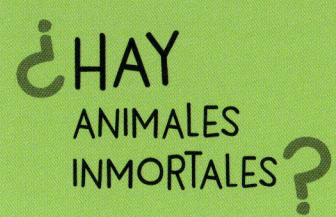

¿HAY ANIMALES INMORTALES?

Todos los animales nacen, envejecen y mueren, en este orden y sin poder escapar de ello. ¡Todos excepto uno!

Se trata de una medusa del tamaño de un guisante, la *Turritopsis nutricula*. Puede rejuvenecer, envejecer y después volver a rejuvenecer…

Sin embargo, no es inmortal: no muere a causa de su edad, pero puede ponerse enferma o… ¡ser devorada!

El elefante **18**

🦘 LOS SUPERPADRES

Las crías son débiles y se convierten en presas fáciles para los depredadores. Por suerte, sus padres están ahí para protegerlas.

el cocodrilo

transportar a sus crías entre los dientes

el pulpo

el apogón

el cálao

proteger sus huevos entre sus tentáculos

proteger sus huevos en la boca hasta que eclosionan

el pingüino emperador

el canguro

proteger a su cría del frío llevándola sobre los pies

terminar de crecer en la bolsa de su mamá

encerrar a la hembra con los huevos hasta que eclosionan

el murciélago

reunir a las crías en guarderías gigantes

el chimpancé

adoptar a las crías cuando sus padres han muerto

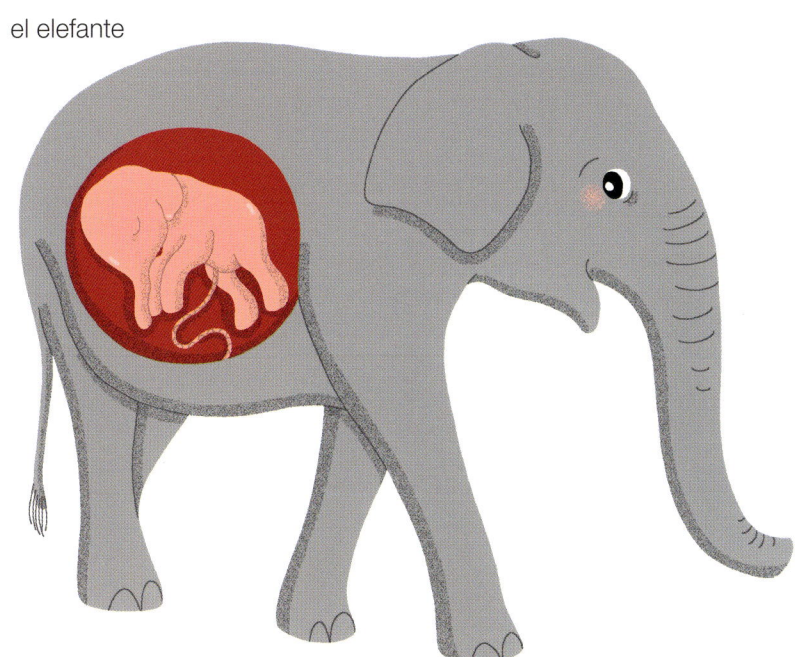

el elefante

llevar a su cría en el vientre durante 22 meses

¿SE OCUPAN DE SUS HIJOS TODOS LOS ANIMALES?

Lo importante para los animales es la supervivencia de la especie: criar a pequeños que se conviertan en adultos y que también se reproduzcan.

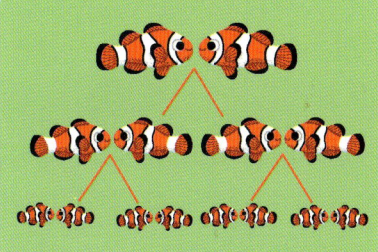

Algunos tienen muchas crías a las que abandonan enseguida. A pesar de que algunas mueren o son devoradas, sobreviven bastantes.

Otros tienen pocas crías, pero las cuidan y las protegen hasta que llegan a la edad adulta. ¡Parecido a lo que hacen tus padres!

El pingüino emperador **84**

LOS MEJORES CONSTRUCTORES

Para protegerse de sus enemigos o poner a salvo a sus crías, algunos animales construyen una auténtica casa.

el nido de pulpa de madera masticada

el nido

el avispón

la ardilla

¿CUÁLES SON LAS MADRIGUERAS MÁS ASOMBROSAS?

En África, las termitas cultivadoras de hongos construyen termiteros gigantes, que son una especie de edificios climatizados.

En el interior de estas construcciones de tierra y saliva siempre hace la misma temperatura, gracias a un ingenioso sistema de ventilación.

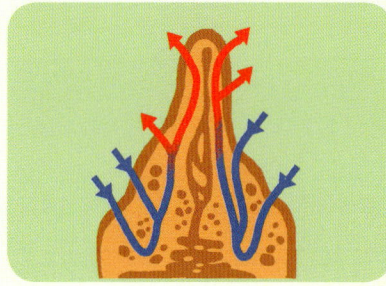

la araña

la marmota

la tela

Además, ¡estos termiteros pueden ser más altos que una jirafa! ¡Un trabajo increíble para animales de menos de un centímetro!

la madriguera

Los más fuertes **54**
Con lupa **40**

RÉCORDS PORTENTOSOS

Son los únicos que compiten en su categoría, pero esto no hace que su récord sea menos impresionante.

el colibrí

volar hacia atrás

el okapi

tocarse las orejas con la lengua

le koala

dormir más que el resto de los animales

la jirafa

dormir menos que el resto de los animales

el ave lira

imitar un montón de sonidos diferentes

la cucaracha

sobrevivir con la cabeza cortada

la estrella de mar

regenerar todo su cuerpo a partir de un trocito

el panda

comer casi siempre lo mismo

¿QUÉ ANIMAL ES EL MÁS RESISTENTE?

Se trata de un animal, no más grande que un grano de sémola, del que seguro que nunca has oído hablar: el tardígrado.

Puede vaciarse completamente de su agua para sobrevivir, a cámara lenta, en condiciones que matarían a cualquier ser vivo.

Calor asfixiante o frío extremo, ausencia de agua o de aire para respirar... ¡Sobrevive a todo! ¡Qué bicho más extraño...!

¡PONTE A PRUEBA!

Entre estos campeones, identifica al más rápido, al mejor saltador y al que es capaz de desplazar más peso.

la libélula

el escarabajo pelotero

el saltamontes

¿A qué se parece este animal?

¿Cuál de estos animales es capaz de nadar a mayor profundidad?

la foca de Weddell

el oso blanco

la tortuga laúd

¿Sabes qué capacidad tiene únicamente este animal?

Une cada animal con su técnica de defensa.

oler mal   hacerse una bola   mostrar sus púas

De los siguientes animales, ¿cuáles son peligrosos para el ser humano?

la tarántula

la cobra real

el mosquito

el basilisco

el insecto palo

¿Cuál de estos animales vive más años?

la reina de las termitas

la almeja
Arctica islandica

la carpa koi

¿Qué oculta entre sus patas el pingüino emperador? ¿Por qué lo hace?

Señala el animal que no vive en un nido.

el avispón

la marmota

la ardilla

La mosca y el geco son los reyes de las acrobacias. ¿Sabes qué parte de su cuerpo les permite caminar por el techo o sobre un cristal? ¿Te gustaría ser tan hábil como ellos?

LOS CAMPEONES DE SUPERVIVENCIA

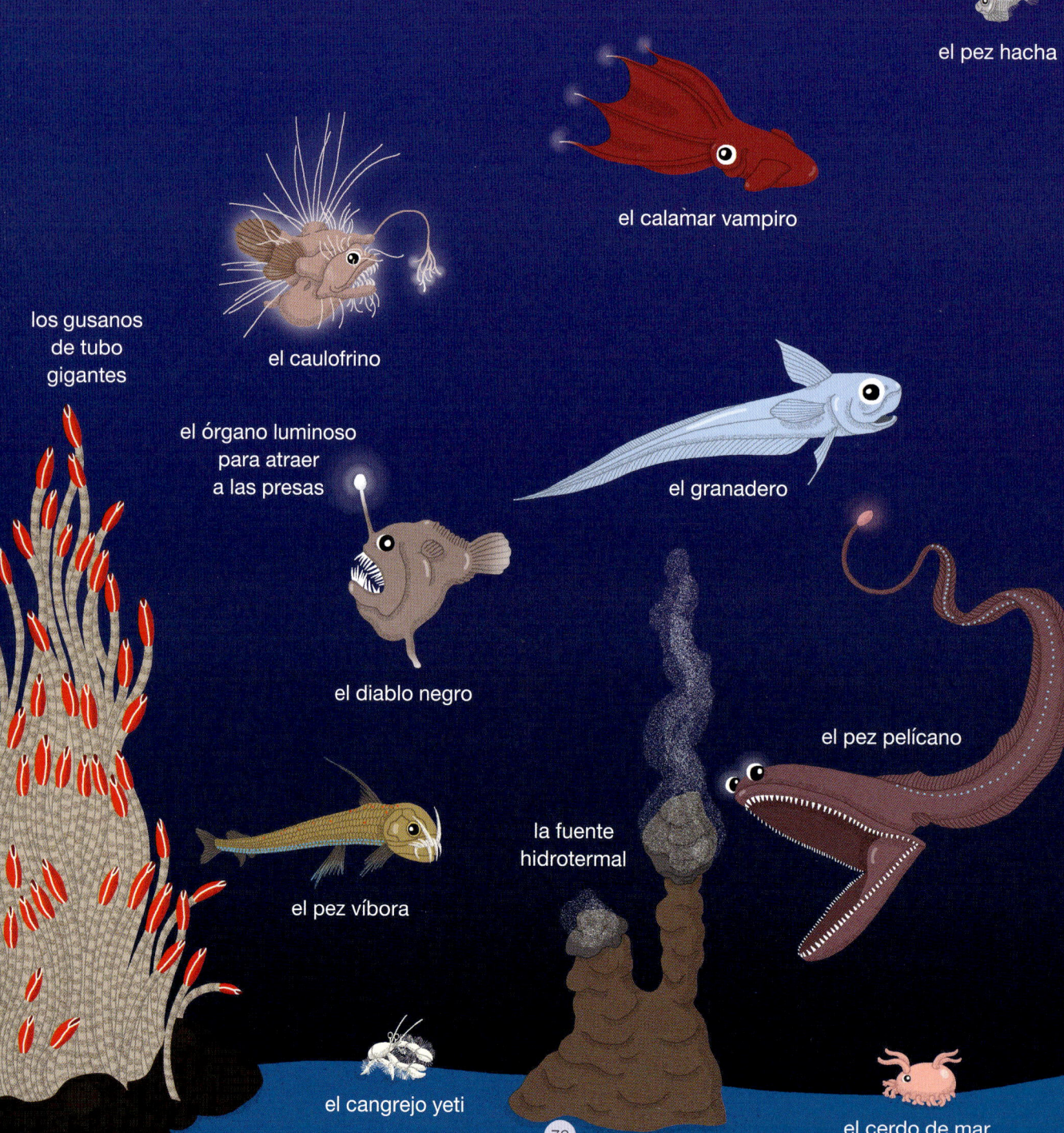
EN LOS ABISMOS MARINOS

En el fondo del mar está muy oscuro y no hay ninguna alga que comer. Sin embargo, allí viven animales insólitos.

el pez dragón

el pez trípode

comer la comida que viene de más arriba

el isópodo gigante

la esponja *Chondrocladia lampadiglobus*

3000 m

la ofiura

¿CÓMO CREAN LUZ LOS ANIMALES?

En tu casa, la electricidad permite que las lámparas se enciendan. Su luz está caliente: te puedes quemar.

En el caso de los animales, se trata de una reacción química. Su cuerpo produce una luz que no desprende calor: es la bioluminiscencia.

Existen otros animales, más fáciles de observar, que también son capaces de emitir luz. ¿Sabes cuáles son?

Los mejores buceadores 50

EN EL DESIERTO

Aquí escasean las plantas y el agua, y hace un calor terrible: es complicado caminar sobre la arena ardiente.

el desierto en horas frescas

el pelaje claro

las grandes orejas

el zorro del desierto

los pelos en las patas para no quemarse

el jerbo

las patas grandes

la cola larga

desplazarse saltando

las escamas color arena

la víbora cornuda

el escinco

«nadar» en la arena

el escorpión

la gacela dorcas

adaptarse al agua que contienen las plantas

alimentarse de excrementos

pacer las hojas de los arbustos

el escarabajo pelotero

el desierto en las horas más cálidas

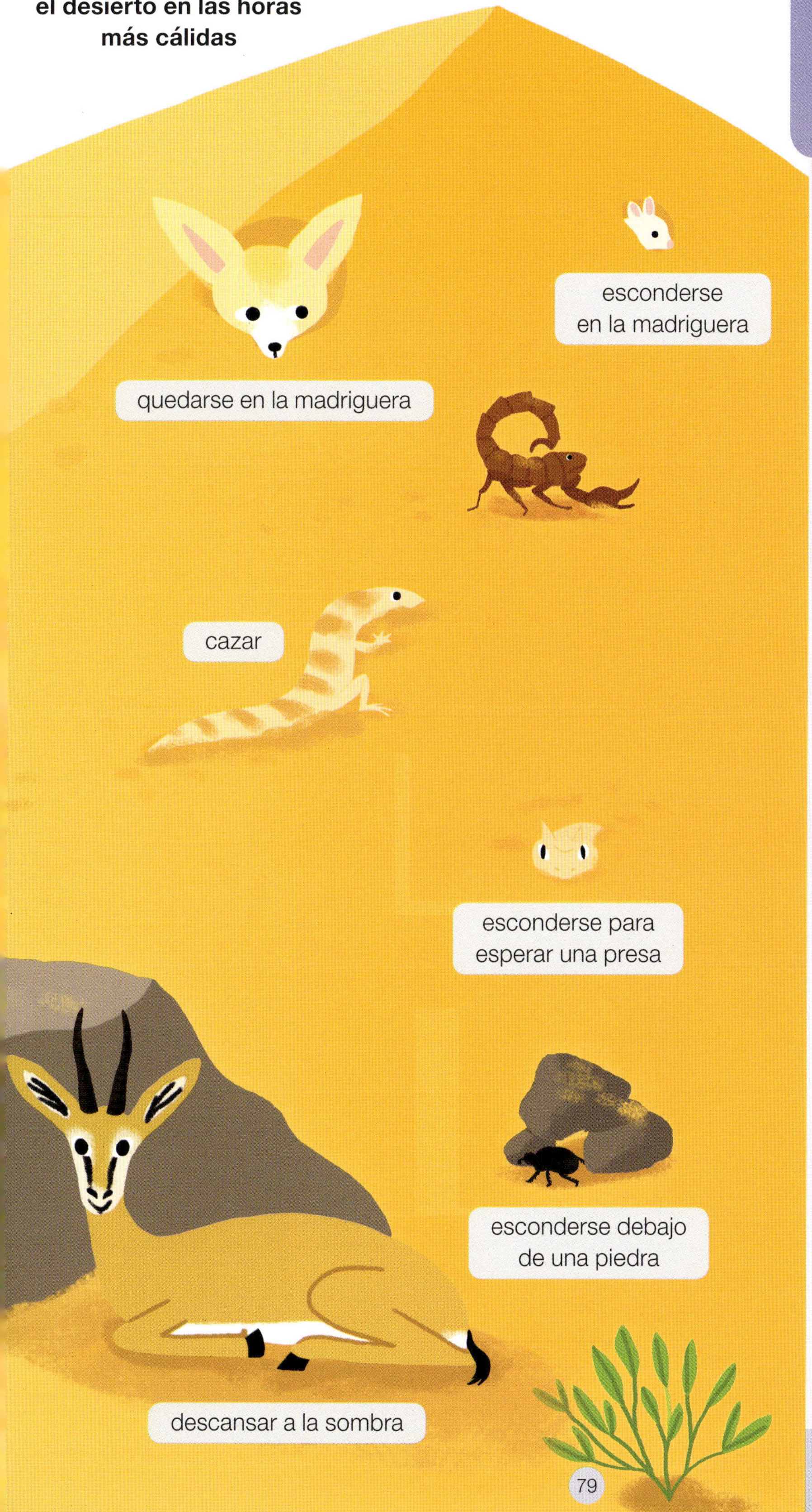

quedarse en la madriguera

esconderse en la madriguera

cazar

esconderse para esperar una presa

esconderse debajo de una piedra

descansar a la sombra

¿PARA QUÉ SIRVEN UNAS OREJAS TAN GRANDES?

¿Para oír mejor? Sí, claro. Pero sobre todo para refrescarse el cuerpo. Por esa razón, el elefante o el zorro del desierto las tienen así.

Al pasar por las orejas, cuya piel es muy fina, la sangre caliente se enfría, ya que casi está en contacto con el aire exterior.

Y además también se pueden utilizar esas enormes orejas a modo de abanico. ¿Qué haces tú cuando tienes calor?

🐪 EL DROMEDARIO

Este rey del desierto está preparado para resistir el calor, la sequía e incluso las tormentas de arena.

las largas pestañas que protegen de la arena

las pequeñas orejas que se cierran

la joroba llena de grasa

el pelaje claro que no retiene el calor

la piel espesa que protege del sol

las patas largas que alejan el cuerpo de la arena abrasadora

el pie ancho que evita hundirse en la arena

los excrementos muy secos

transportar
pesadas cargas

las fosas nasales
que se cierran

la almohadilla abdominal
que protege la barriga
del calor de la arena

¿CÓMO SOPORTA ESTAR SIN AGUA?

Para limitar las pérdidas de agua, el dromedario apenas transpira, a pesar del calor, y hace muy poco pis.

Además, su cuerpo es capaz de transformar la grasa de su joroba en agua. ¡De ese modo puede pasar sin beber hasta tres semanas!

Después, es capaz de beberse de una sentada el volumen de una bañera de agua. Ningún otro animal bebe tanto de una sola vez. ¡Menuda sed!

Récords portentosos **70**
En el desierto **78**

❄ EN EL POLO NORTE

En este lugar, los animales deben resistir el frío extremo en invierno y la escasez de comida.

la nieve

el zorro polar

aprovechar los restos de la comida del oso

la banquisa

cazar

la beluga

el oso blanco

la morsa

el narval

el océano

el búho nival

la tundra

el lemming

el buey almizclero

excavar en la nieve para encontrar comida

el hielo

el refugio bajo la nieve

la foca

¿POR QUÉ LOS ANIMALES DE CLIMAS FRÍOS TIENEN TANTA GRASA?

¿Te has fijado? Casi todos los animales que viven en el frío intenso tienen una espesa capa de grasa en el cuerpo.

Esta capa funciona como un abrigo que llevan por dentro y que aísla los órganos del frío exterior.

También constituye una reserva en el caso de que el animal no encuentre comida durante algún tiempo. ¡Suele sucederles!

Los más pesados **16**
El pingüino emperador **84**

EL PINGÜINO EMPERADOR

Esta ave vive en el lugar más frío del mundo: la Antártida, el continente helado del Polo Sur.

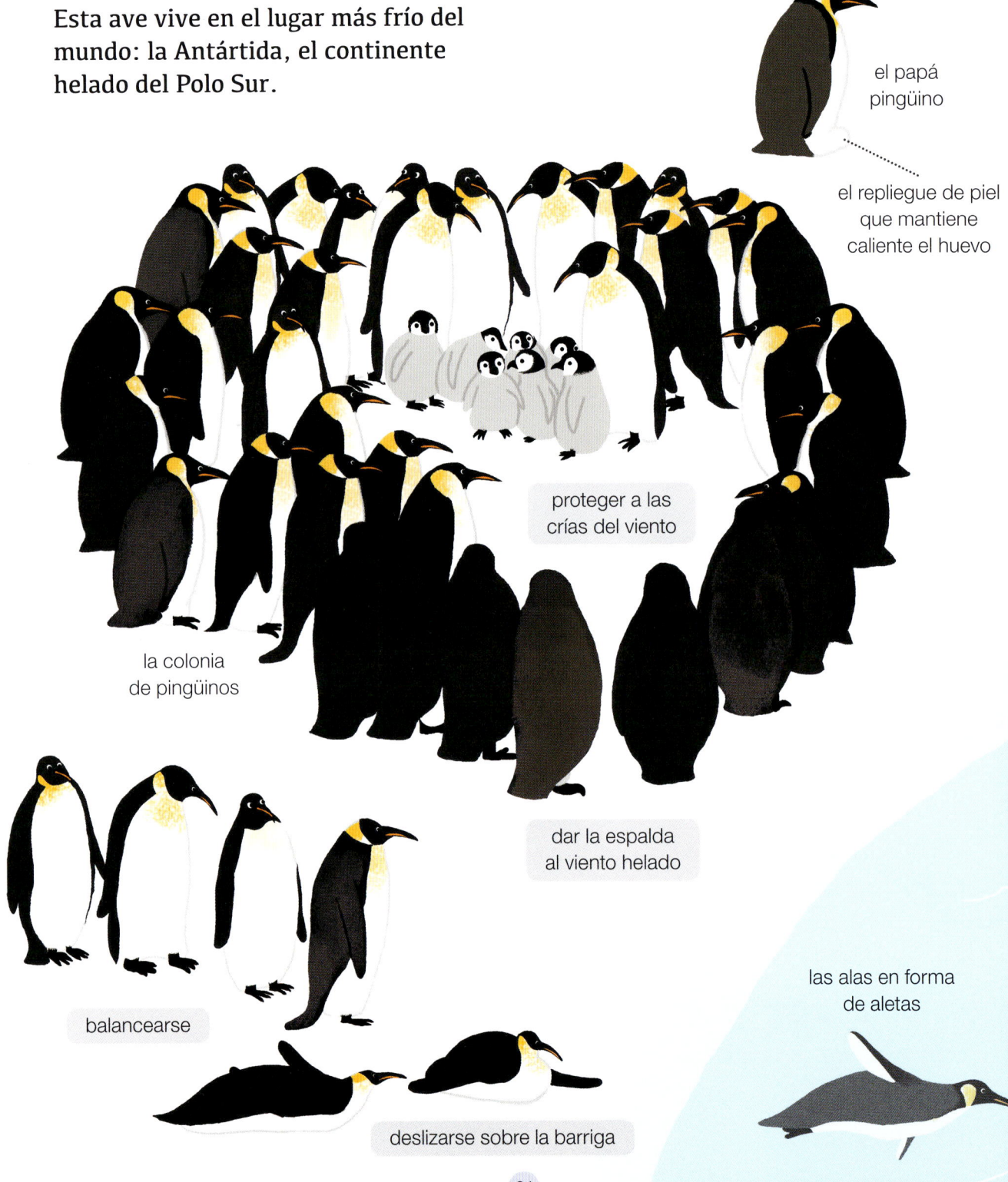

el papá pingüino

el repliegue de piel que mantiene caliente el huevo

proteger a las crías del viento

la colonia de pingüinos

dar la espalda al viento helado

balancearse

deslizarse sobre la barriga

las alas en forma de aletas

el pingüino adulto

calentar al polluelo

la cría de pingüino

saltar fuera del agua

pescar

nadar bajo la banquisa

¿QUÉ COME EL PAPÁ PINGÜINO MIENTRAS INCUBA?

Con el huevo sobre las patas, al papá pingüino le cuesta caminar cuando está incubando. ¡Y no digamos ir a pescar!

De hecho, no come hasta que nace el polluelo. Por eso antes se atiborra y almacena reservas de grasa.

Al cabo de dos meses, el huevo eclosiona y la madre regresa para cuidar al polluelo. Entonces, el padre vuelve a pescar. ¡Está hambriento!

Los mejores buceadores **50**
Los superpadres **66**

¿POR QUÉ ESTOS ANIMALES VIVEN EN LAS ALTURAS?

el gibón

balancearse de rama en rama

65 m

35 m

planear de un árbol al otro

el dragón volador

25 m

el tarsero

comer insectos

el lorino perezoso

Quizá te parezca extraño que estos animales hayan elegido vivir a tanta altura, ya que se arriesgan a hacerse daño si se caen.

La espesura de la selva impide que la luz llegue al suelo. Por tanto, en la copa de los árboles hay más sol y comida.

Además, los depredadores, sobre todo el tigre, la pantera y sus parientes, no pueden subir tan alto. ¡Altura significa seguridad!

Los más ágiles 56

EN LA CIMA DEL MUNDO

En las cimas más altas del mundo,
por encima de los 4500 m de altitud,
es difícil encontrar plantas que comer.

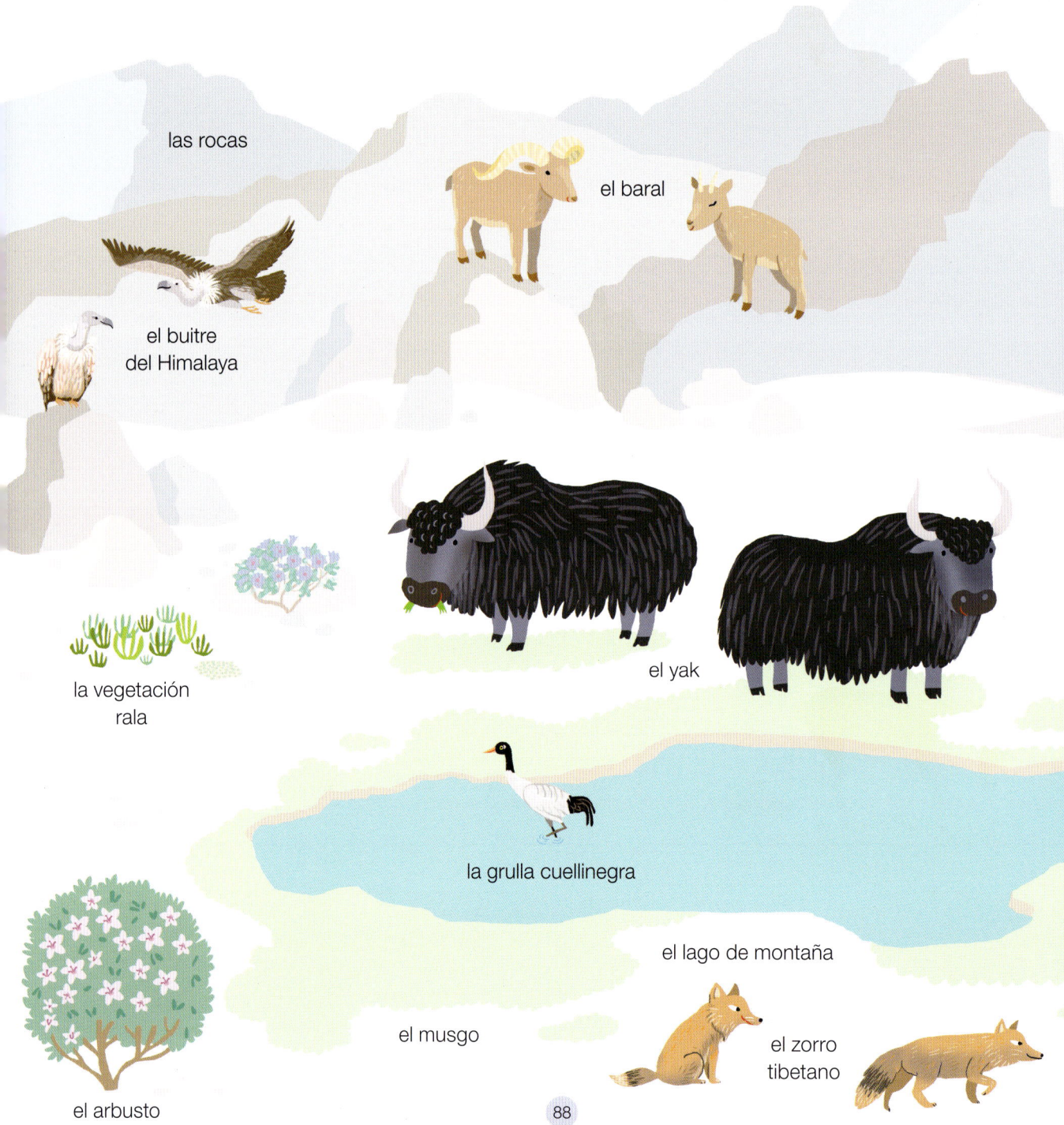

el avión de pasajeros

el ánsar indio

¿PUEDE EL SER HUMANO VIVIR TAN ALTO?

el leopardo de las nieves

el glaciar

Si has ido alguna vez a la montaña, sabrás que cuanto más se sube, más frío hace. A veces es difícil soportarlo.

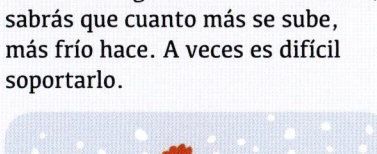

También hay cada vez menos aire para respirar. Por eso muchos alpinistas van equipados con botellas de oxígeno.

El ser humano puede llegar a tanta altura como estos animales, pero no quedarse allí. No existen poblaciones por encima de los 4500 m.

la chova piquigualda

el asno salvaje tibetano

la pica

Los mejores buceadores **50**
Los más ágiles **56**

¡PONTE A PRUEBA!

Los animales del desierto se comportan de diferente manera según la hora del día. ¿Sabes cuáles de estas acciones se realizan cuando hace calor?

Une con el dedo cada animal del Polo Norte con el nombre que le corresponde.

la beluga

el buey almizclero

el búho nival

el narval

la morsa

Entre estos animales hay uno que no vive en las altas montañas. ¿Cuál es?

¿Cuál de estos monos vive a más altura?

el siamang

el gibón

el orangután

¿Qué contiene la joroba del dromedario?
¿Qué puede hacer con sus fosas nasales y sus orejas?

En lo más profundo de los océanos se encuentran los abismos marinos. Algunos animales han conseguido desarrollarse y vivir en ese medio extremo.

¿Sabes cuál es la particularidad de estos peces?
¿Por qué esa característica les resulta indispensable para sobrevivir?

el caulofrino

el diablo negro

A-Z ÍNDICE ALFABÉTICO

A

abeja 58
abismos marinos 76, 77, 91
ácaro 25
acrobacia 56
adoptar 67
aferrarse 57
África 10, 26, 69
agilidad 31, 56
agua 12, 15, 17, 18, 28, 50, 51, 57, 71, 78, 81, 85
alas 20, 26, 84
albatros errante 21, 31
alce 39
alergia 25
aleta 84
alga 63, 76
alimentarse de excrementos 78
almeja 65, 72
almeja *Arctica islandica* 65, 73
almohadilla 18, 28, 81
alpinista 89
altitud 88
amamantar 15, 43
ancas 21, 28
animal peligroso 9, 58, 59, 60, 72
animal tóxico 37
ánsar indio 89
Antártida 84
antenas 34
apogón 66
araña 26, 27, 34, 44, 56, 58, 59, 69, 72
araña bananera 59
araña de Sídney 58, 72
araña saltadora 34, 44
árbol 10, 11, 19, 62, 86, 87
arbusto 78, 88
ardilla 69, 73
arena 21, 78, 79, 80, 81
armadillo 61
arpía mayor 29, 31
asno salvaje tibetano 89
asustar 60, 62
atacar al ser humano 29, 58, 59

ave 10, 20, 21, 22, 23, 25, 36, 37, 42, 43, 48, 49, 71, 84
ave de presa 20, 29
ave lira 71
avestruz 10, 21, 22, 23, 48
avión de pasajeros 89
avispa 58, 63, 68
avispa alfarera 68
avispa de mar 58
avispón 69, 73
avutarda kori 21
ayeaye 41

B

baba 60
babosa 48
balancearse 84, 87
ballena azul 14, 15, 17, 31
ballena boreal 65
ballenato 14
banquisa 82, 85
baral 88
barriga 81, 84
basilisco 57, 72
beber 12, 18, 81
beluga 82, 90
bicho 26, 27, 53, 71
bioluminiscencia 77
boca 66
bolsa 61, 66, 86
boomslang 58
brazo 56
buceador 14, 50, 51
bucear 51
buey almizclero 83, 90
búho 62
búho nival 83, 90
buitre del Himalaya 88

C

caballo 24
cabeza 11, 21, 35, 38, 61, 63, 71
cabezón versicolor 36
cabra de las Rocosas 57

cachalote 50
caer 57
caída 56
caja de resonancia 86
calamar colosal 35
calamar gigante 14
calamar vampiro 76
cálao 66
calentar al polluelo 85
calor 71, 77, 78, 79, 80, 81, 90
camaleón 25, 34, 63
camaleón *Brookesia micra* 25
caminante 48
caminar por el techo 57
campeón 48, 52, 62, 63, 64, 72
cangrejo yeti 76
canguro 53, 66
caparazón 60
caracol 34, 44, 60
carcayú 59
carcharodontosaurio 8
carnívoro 8, 10, 30
carpa koi 64, 72
carretilla 19
casa 12, 21, 68, 77
cáscara 23
castor 45, 68
caulofrino 76, 91
causar muertes 58, 59
cazar 28, 48, 50, 79, 82
cerdo de mar 76
chihuahua 24
chimpancé 45, 67
chinche tropical 36
chorlitejo 63
chova piquigualda 89
choza 68
cima 88
cobra real 58, 72
cocodrilo 11, 55, 66
cocodrilo del Nilo 11, 58
cocodrilo marino 58
codorniz 23
cola 15, 42, 56, 61, 63, 78
colibrí 37, 70
colibrí zunzuncito 22, 25
colmillos 28
colonia 84
color 35, 36, 37, 63, 78

comer 13, 18, 19, 23, 28, 29, 71, 76, 77, 85, 87, 88
comida 77, 82, 83, 87
cóndor 20
conejera 68
conejo 68
construcción 69
Conus geographus 58
copa 86, 87
cormorán moñudo 50
cornamenta 38, 39
corredor 48
correr 21, 48, 49, 57
corteza de árbol 62
cría 15, 43, 66, 67, 68
cría de jirafa 13
cría de pingüino 85
cucaracha 71
cuello 13
cuerno 13, 38, 39, 45
cuerpo 19, 29, 31, 40, 41, 49, 61, 71, 73, 77, 79, 81, 83
cuervo 64
culebra 60

D

dedo 41, 55
defenderse 29, 58
defensa 40, 60, 61, 72
delfín 53
dendrobate 36
depredador 19, 28, 29, 31, 39, 62, 66, 87
desaparecer 62
descansar 13, 79
descarga eléctrica 60
descender 12
desierto 78, 79, 80, 90
deslizarse 28, 84
desplazarse por los árboles 86
diablo negro 76, 91
dientes 28, 66
dinosaurio 8, 9
Diplodocus 8, 9, 30
dogo alemán 24
dormir 13, 70

dormitar 12
dragón de Komodo 58
dragón volador 87
dromedario 80, 81, 91

E

edad 64, 65, 67
elefante 10, 17, 18, 19, 55, 58, 65, 67, 79
encerrar 66
energía 19, 29, 49
enfermedad 25, 59, 65
envergadura 20, 21
erizo 61
escamas 28, 78
escarabajo hércules 26
escarabajo pelotero 54, 72, 78, 79
escarabajo rinoceronte 54
escarabajo titán 26
escinco 78, 79
escinco rugoso 63
esconderse 21, 37, 79
escondite 62
escorpión 58, 78, 79
escupir tinta 61
espalda 84
especie 24, 26, 59, 67
espina 15
espolón 29, 42
esponja *Chondrocladia lampadiglobus* 77
esqueleto 27
estrella de mar 71
excavar 83
excremento 62, 78, 80
extremidad 57

F

faisán venerado 40
falabella 24
felino 28
foca 83
foca de Weddell 50, 72
fosas nasales 81, 91
frío 51, 66, 71, 82, 83, 84, 89
fuente hidrotermal 76
fuerza 53, 55

G

gacela dorcas 78, 79
gacela saltarina 53
galeopiteco 86
gallina 9, 23, 61
gallito de las rocas 37
garras 28, 29, 42
gato 56
geco 57, 73
geco enano 25
geco *Uroplatus* 62
gibón 87, 91
gigante 8, 9, 14, 25, 26
glaciar 89
glotón 58
gorila 55, 60
gran kudu 38
gran tiburón blanco 15, 55, 58
granadero 76
grasa 83, 85
gravedad 17, 53
gritar 86
grulla cuellinegra 88
guacamayo jacinto 36
guacamayo macao 36
guardería 67
guepardo 49
gusanos de tubo gigantes 76

H

hacer pis 81
hacerse el muerto 60
hacerse pasar por 62, 63
hacerse una bola 61, 72
halcón peregrino 49
hembra 10, 12, 37, 39, 42, 66
herbívoro 9, 13
hielo 83
hiena 55
hipopótamo 58
hoja 13, 62, 78
hormiga 54, 68
hormiguero 68
hueso 15, 55
huevo 10, 22, 23, 42, 43, 63, 66, 84, 85
huir 11, 21

I

íbice 39
imitar sonidos 71
inmortalidad 65
insecto 26, 27, 62, 74, 87
insecto hoja 62
insecto palo 62, 72
insecto palo gigante 27
isópodo gigante 77

J

jerbo 78, 79
jirafa 11, 12, 13, 30, 69, 70
joroba de grasa 80, 81

K

koala 70
kokoi 59

L

lagartija 61
lago 88
lemming 83
lengua 13, 41, 70
león 10, 55, 58
leona 10
leopardo de las nieves 89
levantar 13, 17, 54, 55
libélula 49, 72
liebre 52
llevar a su cría 67
lobo 55
longevidad 64, 65
lorino perezoso 87
loro de cabeza amarilla 36
luz 77, 87

M

macho 10, 13, 37, 39, 42
madriguera 69, 79
mamá 66
mamar 13
mamba negra 48
mamífero 15, 25, 43

mandíbula 55
mantarraya gigante 14, 31
mantener caliente el huevo 84
manturón 86
mar 17, 76
mariposa alas de pájaro 26
mariposa *Amynthor* 62
mariposa búho 62
mariposa *Hemeroplanes* 62
mariposa morfo azul 37
marmota 69, 73
medusa *Turritopsis nutricula* 65
microbio 25
milpiés 26, 40
milpiés gigante 26
milpiés *Illacme plenipes* 40
mocasín de agua 59
mofeta 60
mono araña 56
montaña 88, 89, 90
mordedura 55
morena 60
morir 65
morsa 51, 82, 90
mosca 34, 57, 72
mosquito 59, 72
muflón 39
murciélago 25, 41, 45, 67
murciélago *Anoura fistulata* 41
murciélago moscardón 25
músculo 61
musgo 88

N

nadador 50
nadar 15, 78, 85
naja 58
nariz 41
narval 40, 82, 90
násico 41
nido 68, 69, 73
nieve 82, 83

O

océano 14, 82, 91
ocultarse 28, 60, 63
ocuparse de sus hijos 66, 67
ofiura 77
oído 28

ojos 25, 34, 35
okapi 70
oler mal 60, 72
olfato 28
orangután 86, 91
órbita 34
orca 17
orejas 18, 70, 78, 79, 80, 91
órgano 27, 34, 76, 83
órgano luminoso 76
ornitorrinco 42, 43, 45
oruga 62
oryx 38
oso blanco 16, 51, 59, 72, 82
oso *grizzly* 59

P

pacer 78
padres 13, 66, 67
pájaro 21, 31, 62, 64, 66, 67
panda 71
pantera 87
papá 84, 85
parir 12
patas 12, 13, 18, 21, 40, 42, 43, 45, 61, 68, 73, 78, 80, 85
pato 45
pelaje 28, 78, 80
pelícano 40
peligro 10, 13, 58, 59, 60
periquito dorado 36
perro 24, 55
pescar 85
peso 16, 17, 18, 19, 21, 27, 51, 54, 55, 72
pestañas 80
pez 15, 25, 58, 63, 64, 66, 76, 77, 91
pez dragón 77
pez erizo 63
pez hacha 76
pez *Paedocypris progenetica* 25
pez pelícano 76
pez piedra 58, 63
pez trípode 77
pez víbora 76
pica 89
pico 29, 40, 42, 43, 45
pie 66, 80
piedra 63, 79

piel 18, 40, 42, 61, 79, 80
piernas 18
pingüino emperador 51, 66, 84, 85
pitón reticulada 58
planear 86, 87
pluma 40
Polo Norte 82, 83, 90
Polo Sur 84
poner huevos 42, 43
presa 28, 29, 49, 66, 68, 76, 79
presión del agua 51
profundidades 50, 51
proteger a las crías 37, 66, 67, 68, 69, 84
proteger sus huevos 66
protegerse de los enemigos 68
púas 61, 72
puercoespín 61
pulga 52, 53
pulpo 58, 61, 63, 66
pulpo de anillos azules 58
puma 53, 56

Q

Quetzalcoatlus 9

R

ramita 62
rana 52
rana arborícola 86
rana de cristal 40
rana de ojos rojos 37
rana *Paedophryne amauensis* 25
raya pastinaca 58
rebeco 39
receptores 28
recién nacido 13, 14
récord del mundo 52, 53
refrescarse el cuerpo 18, 79
refugio 83
reina 64, 73
repliegue de piel 84
reptil 25, 42, 43
respirar 15, 50, 51, 71, 89
rinoceronte 38
risco 57

roca 88
rorcual común 50

S

sabana 10, 11
saltamontes 26, 52, 72
saltar 28, 53, 56, 78, 85
salto 52, 53
sangre 79
seducir 37
selva 11, 19, 36, 37, 86, 87
selva amazónica 36, 37
sentido del equilibrio 86
ser humano 29, 51, 52, 53, 64, 89
serpiente 43, 48, 58, 59, 62, 78, 79
serpiente de cascabel 59
serpiente hierro de lanza 59
shire 24
siamang 86, 91
sírfido 63
sobrevivir 71
submarino 51
superdepredador 28, 29
supervivencia 75
supervivencia de la especie 67

T

taipán 58
tamaño 9, 10, 11, 12, 14, 15, 22, 23, 24, 25
tangará arcoíris 37
tarántula Goliat 27
tardígrado 71
tarsero 34, 87
tela 69
temperatura 19, 69
tentáculo 41, 66
termita 64, 69, 73
termita cultivadora de hongos 69
termitero 69
tiburón 15, 16, 17, 28, 55, 58, 59
tiburón ballena 15
tiburón blanco 15, 16, 17, 30, 58
tiburón oceánico 59

tiburón sarda 58
tiburón tigre 59
tigre 28, 31, 58, 87
topera 68
topo 35, 44, 68
topo de nariz estrellada 41
tortilla 23
tortuga 15, 51, 60, 64, 67
tortuga gigante de las islas Galápagos 64
tortuga laúd 15, 51, 72
transpirar 81
transportar a sus crías 66
transportar cargas 54, 81
trompa 18, 55
tucán 37
tundra 83

V

vaca kuri 38
vaca watusi 38
vegetación 88
velocidad 21, 48, 49
veneno 42, 43
ventosa 57
ver 34, 35
vertebrado 25
víbora bufadora 58
víbora cornuda 78, 79
víbora de las pirámides 58
vibraciones 28
vibrisas 28
vieira 34, 44
vientre 67
vigilar los alrededores 12, 13
vista 29
viuda negra 59
vivir mucho 19, 64, 65
volar 21
volar hacia atrás 70

Y

yak 88

Z

zorro del desierto 78, 79
zorro polar 82
zorro tibetano 88